Marketing Codes for Millennials

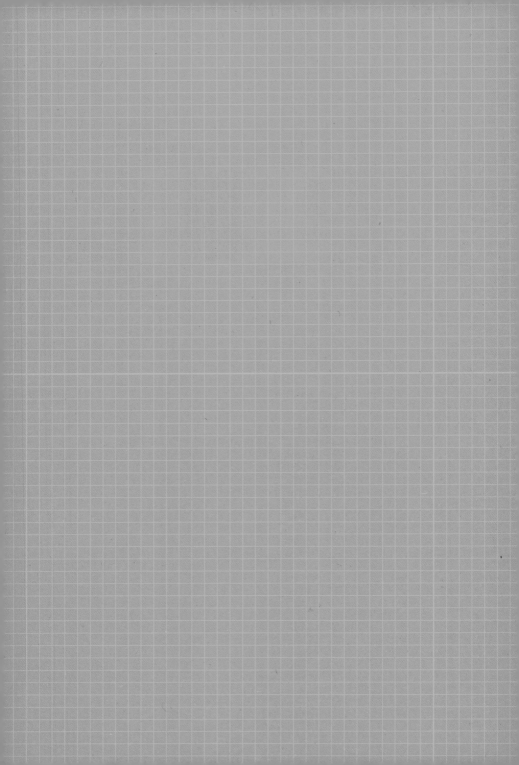

요즘 애들에게
팝니다

한 그루의 나무가 모여 푸른 숲을 이루듯이
청림의 책들은 삶을 풍요롭게 합니다.

**90년생의 마음을 흔드는
마케팅 코드 13**

김동욱 지음

요즘 애들에게
팝니다

청림출판

요즘 감성이 아니에요

광고회사에서 기획으로 일한 지 17년, 대기업 광고회사를 10년째 다니던 시점. 나이 40이 넘어가면서 '남은 광고 인생을 어떻게 살아야 할까' 하는 고민에 빠졌다. 선배들을 보면 광고 일 한다는 사람조차 윗사람에게 굽신굽신하고 광고주 말이라면 죽는 시늉도 하고 제작팀에 가서는 항상 핀잔을 듣고 그렇게 아등바등 살다가 임원이 됐다. 그 임원도 아등바등한 순서대로 되는 것도 아니고 실력이 있다고 되는 것도 아니고 임원 누구랑 친한지 정치에 얼마나 적극적으로 동참했는지에 따라 결과가 달랐다. 내 나름의 최선을 다해 퍼포먼스로는 1등을 해도 그저 나이가 어리다는 이유로, 전무님이랑 친하지 않다는 이유로 승진에서 배제되기 일쑤였다.

'아 이렇게 대기업을 다녀야 하나? 그래도 광고 하는 사람인데?'
10년 후 내 모습이 저런 선배와 같다면 별로 이 회사에 남고 싶지 않다는 생각이 문득 들었다. 오길비Ogilvy, 드로가 파이브Droga5 등 외국엔 자기 이름을 걸고 광고회사를 창업하는 사람들이 있고 심지어 잘되기까지 하는데 나도 더 늦기 전에 내 이름을 건 광고회사 하나 만들어보자는 생각이 들었다. '아무리 그래도 저런 인생들보다는 내가 좀 더 낫지 않을까?' 하는 장밋빛 꿈을 품고 말이다.

그렇게 현업에선 물러난 팀장, 꼰대 중의 상꼰대, 아재 오브 아재였던 나는 디지털 광고회사라는 것을 창업했다. 물론 처음 회사를 차려 나왔을 때는 정말 불안하기 그지없었다. 막상 내 돈 들여 창업은 했는데 일이 없었다. 몇 개월을 그냥 빈둥빈둥 놀았다. 친구 회사에 아는 후배의 SNS 대행 마케팅을 소개해주고 받은 영업비가 내 광고회사 계좌의 첫 입금일 정도였다. 게다가 처음 해보는 일은 왜 그렇게 많은지, 내가 직접 국세청에서 세금계산서를 끊어 발급받고 정산하는 일이 어색하기만 했다.

그러다 후배 한 명이 자기 지인이 스타트업을 시작했는데 그 회사를 '자상하게' 도와줄 광고회사를 찾고 있다며 나를 소개해주겠다고 했다. 그렇게 꽤 단단한 스타트업의 브랜드 캠페인을 시작할 수 있었다. 적어도 1년간은 내 벌이가 어느 정도 보장된 셈이었다. 불안도 잠깐, 시작부터 이렇게 잘되고 보니 한껏 자신감이 붙었다. '역시 안에서 잘나갔던 나는 밖에 나와서도 잘되네. 15초 TV 광고를 15년 넘게 만들었는데 스타트업 캠페인 하나 못 만들겠어? 이런 스타트업들 많잖아? 이번 일이 잘되면 확실한 시장에 진입할 수 있겠어.'

그 외에도 중간중간 인맥을 통해 들어오는 광고주들이 있었다. 내가 늘 해오던 방식의 일들을 필요로 하는 사람들이었다. 그래서 별다른 고민 없이 늘 하던 방식 그대로 일했다. 밀레니얼 세대 타깃의 모 과자 브랜드 경쟁 PT에서도, 어학 스타트업 브랜드 캠페인에서도 "이게 정답입니다. 이 컨셉이 아니면 안 됩니다"라고, 내가 무슨 선생인 양 광고주를 가르치듯 우리가 제안하는 광고 시안이 아니면 안 된다고 강조했다. 15년간 보고 배운 게 이런 거였고, 그렇게 했던 선배들이야말로 누구보다 잘나가는 광고회사 사장이 되어 건물을 올리던 걸 눈으로 봐왔기 때문이었다. '광고주들은 아마도 단호하고 자신감 있는 생각들을 원할 거야' 하는 생각으로 PT를 했다.

결과는?
처참했다.

'첫끗발이 개끗발'이라는 말은 정말 명언이었다. 처음에는 잘되는가 싶더니 계속 죽만 쒔다. 두려웠다. 내 인생 첫 회사이자 절대로 실패하면 안 되는 회사. 내 자본금이 들어간 회사. 돈을 벌어 내 직원들 월급을 줘야 하는 현실 앞에서 이대로 망할까 봐 두려워졌다. 더구나 내가 해오던 방식으로 아무 수확도 얻지 못하자 멘붕에 빠졌다.

'왜 지는 걸까? 난 아주 잘하는 사람이었고, 하던 일을 밖에 나와서 하는 것뿐인데 왜 자꾸 질까? 같이 일하던 사람들은 바뀌었지만 어차피 결정을 하고 PT를 하는 나란 사람은 바뀌지 않았는데 왜?'

남의 회사 직원일 때는 이렇게 처절한 자기반성의 시간이 필요 없었다. 그저 다음에 들어올 광고주의 PT를 하면 됐으니까. 하지만 내 회사가 된 뒤에는 얘기가 달라졌다. 광고주들의 피드백을 들어봐야겠다 싶어 도대체 우리가 왜 이기지 못하는지 알려달라고 했다. 광고주들의 얘기는 한결같았다.

"요즘 감성이 아니에요."
"요즘 정답이 어딨다고 하나의 컨셉을 고집하세요."
"신선하지가 않아요. 옛날 광고 같아요."
"디지털 광고 같지가 않아요."

충격이었다. 내 예상과는 전혀 다른 대답이었다. 회사가 작아서 좀 더 조직적이었으면 좋겠다든가 하는 식의, 회사 규모나 시스템에 대한 것이라면 개선의 여지가 선명한데, 이건 나라는 사람의 근본부터 바꾸지 않으면 해결되지 않는 문제였다.

번듯한 회사의 광고쟁이를 20년 가까이 하면서 내가 젊은 감성이 아니라고 생각해본 적은 한 번도 없었다. 나는 언제나 (요즘 말로) '인싸'였고 트렌드 리더였다. 그런 내가 기획하는 광고와 마케팅은 성공할 수밖에 없다는 자신감에 늘 차 있었다.

나는 엄청난 착각을 한 것이다. 내가 첫 클라이언트로 10억대 규모의 물량을 수주한 건 그냥 '개업발'이었다. 누구나 개업하면 한 1년은 오픈발이 있다고 하지 않는가? 동네 앞에 식당을 열어도 한 번은 와본단 소리다. 그 클라이언트도 잘 모르고 우리 회사에 들어온 거였는데, 난 그게 내 실력이고 우리 회사의 경쟁력이라는 착각을 했다.

"밀레니얼 못 잡으면 10년 내 사라질 한국 기업 많다."

'와 이거 내 얘긴데?' 『이코노미조선』에 실린 박주영 한국유통학회장 인터뷰 기사 제목을 보고 생각했다. 비단 유통업에만 해당되는 말이 아니다. 디지털 광고회사 사장으로 새로운 소비자, 밀레니얼 세대를 잡아야 하는 내게 이 기사는 공포이자 실마리이자 막막함이었다.

어떻게 해야 하나? 이대로 갈 순 없었다. 디지털 광고의 타깃은 더 이상 나와 같은 세대가 아니었다. 예전에 하던 방식은 도통 통하지 않았다. 망했다는 생각만 들고 포기하고 싶은 마음이 굴뚝같았다. '요즘 감성'이란 게 과연 공부하고 연구한다고 알 수 있는 건가? 감의 문제, 태생의 문제 아닐까? 그렇다고 여기서 내 회사를 접고 다른 회사에 재취업하는 것도 너무 모양 빠지는 일 같았다. 이왕 시작한 거, 망할 때 망하더라도 할 건 제대로 해보고 그만두자고 결심했다.

그래서 시작했다.

무엇을? 관찰을. 누구를? 내 타깃, 밀레니얼 세대들을.

그들이 뭘 좋아하는지, 어떻게 해야 그들의 마음을 사로잡고 그들이 구매하게 만들 수 있는지 관찰하고 분석하기 시작했다. 이미 『90년생이 온다』 같은 여러 책들이 밀레니얼 세대에 대한 이야기를 하고 있었다. 그들이 누구인지 어느 정도 파악할 수 있는 자료들이었다. 하지만 그들을 아는 것과 그들에게 파는 것, 그들에게 선택받는 것, 더 나아가 사랑받는 것은 또 다른 영역이었다. 나는 광고라는 마케팅 일을 하는 사람이었기에 그들을 움직이는 마케팅 코드를 알아보자는 생각이 들었다.

이 책은 바로 앞으로의 소비 주체로서 등장한, 소위 '요즘 애들'의 마음을 여는 암호를 알려주는 책이다. 승승장구하고 있는 브랜드들의 행보를 하나하나 분석하고 통찰하면서 그들에게 잘 팔 수 있는 13가지 코드를 하나씩 얘기해보려 한다.

그렇다고 단순히 케이스 스터디를 하는 건 아니다. 밀레니얼에게 잘 팔리는, 잘나가는 브랜드들의 케이스를 모아놓긴 했지만 이를 통해 담고자 하는 건 이 케이스들을 꿰뚫는 인사이트다. 다시 말해 사례를 소개하는 게 아니라 사례를 통해 통찰할 수 있는 소비자 행동 패턴을 소개하는 셈이다. 그래야 이 책을 보는 독자들이 현장에서 이 마케팅 코드들을 바로 적용할 수 있다.

독자 중 누군가는 카페를 하고, 누군가는 마케팅을 하고, 또 누군가는 CEO일지 모른다. 하지만 이 책을 보고 있는 한 모두 비즈니스, 돈 버는 일과 무관하지 않을 거다. 요즘 시대에 살아남아 돈을 벌자면 '요즘 애들'의 생각과 구매 방식 그리고 구매 동기를 알아야 한다. 물론 세상은 넓고 브랜드는 많다. 광고도 마케팅도 '케바케'다. 이 책에 담긴 통찰들이 독자의 상황에 꼭 들어맞지는 않을 수도 있다. 그래서 '적용'을 해야 한다. 내 상황에 맞게 조금씩 '수정'해서 쓰는 것, 이게 바로 적용이다.

하나 더 덧붙이자면, 나는 이 책을 요즘 친구들도 봤으면 한다.

이 책에는 꼰대 혹은 아재인 내가 요즘 달라진 세대들을 바라보는 관점도 들어 있다. 서로가 얼마나 다른지 이해하고 바라본다면 더 좋지 않을까. 밀레니얼 세대라고 해서 밀레니얼 세대만을 위한 브랜드를 담당하지는 않으니까. 어느 분야든지 세대 간 소통은 굉장히 중요하다. 이 사회에는 밀레니얼 세대, Z세대와 함께 40~50대의 X세대들도 공존하고 있으니 말이다. 아직까지 의사결정권자의 대부분인 40대 이후 세대를 공략하는 데 이 책이 분명 도움이 되리라 믿는다.

18년 차 컨셉 디렉터이자 40대 아재 마케터

김동욱

#code1

먼저 하는 것이
완벽하게 하는 것보다 낫다

인생에서 중요한 것은 속도보다 방향이라는 얘기가 있다. 틀린 말은 아니다. 방향이 잘못되면 아무리 빨리 간다 한들 목적지에 다다를 수 없으니까. 하지만 요즘같이 하나의 파이를 수천수만이 나눠 먹어야 하는 치열한 경쟁 시장에서는 속도를 무시할 수 없다. 새로운 파이, 그 누구도 베어 먹지 않은 파이를 가장 먼저 굽는 게 게임에서 유리한 고지를 점령하는 방법 중 하나이기 때문이다. 설사 타버리거나 맛없는 파이가 된다 하더라도 시도부터 해야 할 때가 있다. 이렇게 아무도 가지 않은 길을 가려면 속도는 기본이고 엄청난 용기가 필요하다. 한 발자국 내딛기도 쉽지 않다. 그러나 일단 그 길에 내 이름을 붙이고 나면 이후의 싸움은 좀 더 수월해진다. 수많은 싸움에서 승리한 '1등'보다 단 한 번의 '최초'라는 타이틀의 힘이 더 세기 때문이다. 최초라는 타이틀은 아무리 시간이 흘러도 그 누구도 빼앗을 수 없다(물론 잊혀진 최초가 되지 않기 위한 싸움은 결코 만만치 않을 테지만).

#code1

1등이 곧 마케팅의 전부이던 시절

나는 2002년 첫 회사에 입사했다. 그때부터 마케팅 분야에서 일했다. 정확히 말하면 18년 차 광고기획자. "라떼는 말이야" 사실 무조건 최고로 '보이는 게' 중요했다. 1등, 세계 최고. 별거 아닌 마케팅대상에서 상이라도 받으면 몇십 억씩 투자해서 그 사실을 자랑하는 내용으로 다시 광고했다. 모 금융회사는 일본과 동남아에 지사를 냈다는 사실만으로 글로벌 진출을 표방하기도 했다. 과장을 포함한 온갖 포장 기술을 더해 보여주는 것이 마케팅의 가장 중요한 가치였다. 이를 침소봉대라고 한다. 작은 거 가지고 뭔가 대단한 거라도 되는 양 부풀려 말하는 것. 그래야 잘하는 마케팅이고 노련한 마케터라고 했다. 제품이 실제로 가진 기능보다 겉으로 보여지는 이미지가 중요한 시대였다는 말이다.

그런데 요즘 애들은 그런 것들이야말로 구태의연한 마케팅이라고 생각하는 것 같다. 스마트폰 덕분에 1등이란 말이 좋은 제품을 선별하는 데 도움이 되는 정보인지 아닌지를 검색을 통해 쉽게 확인하고 판단할 수 있게 됐기 때문이다. 이제는 알맹이 없이 껍데기만 과대포장해서 속였다가는 업계에서 퇴출되기 딱 좋다. 그러다 보니 요즘 애들 앞에서는 아무나 쉽게 1등을 말할 수 없다. 그들은 1등이라는 성적표보다는 오히려 새로운 시도로 이뤄낸 것들, 그 과정에 대한 스토리로 브랜드를 판단한다. 최고가 아니라 최초로 이룬 그 무언가에 매력을 느끼는 것이다.

2018년 2월 7일, 한 청년이 세상에 파격적인 제안 하나를 던졌다. 자신이 쓰는 나날의 글을 이메일로 송부할 테니 한 달 1만 원에 구독해달라는 것이었다. 월요일부터 금요일까지 1주일에 5회, 한 달이면 20회니까 편당 500원 꼴이었다. 이 청년이 이렇게 기상천외한, 어찌 보면 구걸 같은 제안을 하게 된 것은 막 학자금 대출 2,500만 원을 상환하라는 문자를 받았기 때문이었다. 대학을 졸업한 후 대출금을 갚아보겠다고 잡지사 기자, 글쓰기 교사, 누드모델 등 별별 일을 다 해왔지만 그래도 여의치 않아 나름의 수를 낸 것이었다.

"아무도 안 청탁했지만 쓴다!" "태산 같은 학자금 대출! 티끌 모아 갚는다, 아자!" "재미도, 감동도 없을 수 있습니다." 홍보 이미지에는 절실하나 촌스러운 문구들에 둘러싸인 채 오토바이에 탄 여성이 앉아 있었다. '누가 이런 걸 구독할까?' 하는 의문이 들었다. 웹툰에도 돈을 안 쓰는데 이런 검증도 되지 않은 젊은이의 글에 돈

〈일간 이슬아〉의 홍보 이미지

을 내라니, 거의 날강도 수준으로 느껴졌다. 무모하다. 치기 어리다. 내 눈엔 구걸이나 다름없어 보였다.

얼마 후 "스물일곱 살이 되었지만, 여전히 혼자 자는 게 무섭다"로 시작되는 첫 번째 글이 이메일로 배달됐다. 〈일간 이슬아〉의 출발이었다. 이슬아의 글에는 누구나 느끼지만 차마 혀로 옮기지 못한 것들을 거침없이 적어 내려가는 무서운 감성이 있었다. 〈일간 이슬아〉를 구독하는 독자들은 아마 내가 속으로 삼킨 말이 그녀의 글을 통해 나오는 것을 보며 어떤 해방감을 느꼈을 것이다.

이슬아는 6개월 동안 연재를 계속했고 구독자가 수천 명에 이르렀다. 학자금 대출을 모두 갚은 것은 물론이고 출판사나 언론의 간

택만 기다리는 무명작가에서 수만 명의 팬덤을 거느린 인기 작가로 거듭났다. 작가가 직접 헤엄이라는 출판사를 차린 후 연재 글을 모아 펴낸 『일간 이슬아 수필집』도 큰 사랑을 받았다.

나 같은 아재들은 좋은 콘텐츠를 발굴해서 잘 쓰고 잘 편집한 다음 서점에 책으로 내놓으면 독자들이 구름처럼 몰려들 것이라고 상상한다. 그리고 독자가 누군지, 어디에 있는지 알 수 없는 상태에서 제품을 일단 내보낸 다음 광고나 이벤트 같은 판매 활동을 통해 독자를 찾으려 한다.

또 한편으로 우리는 완벽하게 좋은 것을 만들지 못하면 안 만드느니만 못하다며 그냥 포기했다. 서툰 것, 설익은 것을 세상에 내놓으면 욕먹었다. 그런 건 아예 '윗분'들 선에서 통과되지도 못했다. 소비자들의 의견보다는 윗분의 결재를 받는 게 더 큰일이었다. 그들의 마음에 들 때까지 계속 좋은 것을 만들려고 노력했다. 그때는 한번 잘한 사람, 잘나간 사람이 계속 승승장구했고, 그들에게 많은 것을 의존했다. 그들과 비교하면 (당시에는) 애송이인 나 같은 사람들이 만드는 것은 허접하게 보였고 그들의 경험치를 절대로 넘어설 수 없을 것 같았다. 우리 때는 그랬다. '어설프지만 새로운 시도'라는 말은 잘 못한다는 말과 동의어였다. 만약 그때 누군가 이슬아 작가와 같은 일을 시도했다면? 아마도 다들 미쳤다고 했을 것이다.

아무도 보지 않을 거라고, 도시락 싸 들고 다니며 뜯어 말렸을 것이다.

하지만 세상이 달라졌다. 내가 완벽을 추구하느라 새로운 시도를 하지 않는 동안 다른 누군가가 반드시 그걸 먼저 한다. 그렇게 시작도 못해보고 좌초되기 십상인 게 요즘 세상이다. 그래서 요즘 애들은 시간이 없다. 당신도 나도 마찬가지다. 최초가 되고 싶다면 먼저 시작부터 하고 나서, 저질러 놓고 나서 완벽은 그 이후에 다 져나가야 한다.

쓰레기도 최초로 만들면 명품이 된다

광고 하는 사람들은 나름 트렌드 리더라는 자부심이 있는 편이라 뭐든 남들보다 먼저 경험하고 소장하려 한다. 그중에서도 누구에게도 뒤처지지 않기로 유명한 부서가 제작팀이다. 어느 날 보니 그 팀원들이 하나같이 비슷하게 생긴 이상한 가방을 메고 다니길래 한 명을 불러 물었다.

"이게 무슨 가방이니?"

"팀장님은 광고 하신다는 분이 이것도 모르세요? 트럭 방수포로 만든 재활용 가방! 요즘은 이게 대세예요."

트렌디한 디자인의 프라이탁 가방

　나를 꾸짖듯이 일러준 녀석이 멘 가방은 바로 '프라이탁freitag'이
었다. 트럭 방수포로 가방 몸통을 만들고 안전벨트로 어깨끈을 만
들어 연결한 독특한 디자인이었다.

　이 가방의 제작자인 스위스의 '프라이탁' 형제는 누군가의 눈에
는 쓰레기로 보일 법한 트럭의 방수포에서 새로운 가능성을 보았
다. '저걸로 가방을 만들면 멋있겠는데? 게다가 튼튼하기까지 하
다면?' 생각이 여기에 미치자 그들은 바로 움직이기 시작했다. 5년
묵은 트럭 천을 구해 집 안 욕실에서 천의 때를 뺐다. 당시 고약한
냄새 때문에 이웃들의 항의가 끊이지 않았다고 한다. 아들들이 디

자인한 도안대로 어머니가 직접 재봉틀로 박음질을 하고 나니 방수천이 몸통, 안전벨트가 어깨끈인 가방이 완성됐다. 처음에는 본인들이 봐도 괴상해 보였지만 볼수록 그 안에 묘한 매력이 있었다. '세상 어디에도 없는 가방'이라는 자신감 같은 것이 생겨났다. 그래서 지인들에게 가방을 선보였는데 그 반응이 가히 폭발적이었다고 한다.

형제의 이름을 따 만든 브랜드 프라이탁은 스위스를 넘어 전 세계 트렌드를 리드하는 뉴욕에서 가장 뜨거운 반응을 얻었다. 유행에 민감한 대한민국의 힙한 젊은이들에게도 한 번쯤 갖고 싶은 가방이 된 것은 당연지사였다. 물론 모두가 이 가방을 좋아한다고 말할 수는 없겠지만 한번 본 사람은 결코 잊을 수 없을 만큼 강력한 임팩트를 지닌 제품이었다.

그들의 브랜드 홍보 영상을 보면 제품에 대한 소개 외에 군더더기로 붙은 미사여구가 없다. 실제와 다른 비주얼로 소비자들을 속이려 들지도 않는다. 그저 가방 이곳저곳을 훑으며 있는 그대로 보여줄 뿐이다. 사실 그들은 별다른 마케팅도 하지 않았다. 그저 세상에서 가장 빨리 세상에 없는 가방을 만들었을 뿐이다. 이것이 바로 쓰레기를 명품으로 만든 최초의 힘이다.

브랜딩은 새로운 장르를 만드는 것

아내가 가장 즐거운 마음으로 가는 곳 중 하나가 '올리브영'이다. 그곳에서 가장 먼저 확인하고 찾아보는 브랜드는 닥터자르트. 아내는 닥터자르트의 제품들을 하나씩 살필 때마다 브랜드 전문가로 돌변한다. 이 제품은 광고를 진짜 잘 만들었다, 이건 올리브영에서만 살 수 있는 제품이다 등등의 분석을 시작하는 것이다. 화장품을 잘 모르는 내가 닥터자르트 제품만의 특별한 점을 물으면 이렇게 말한다. "그냥 내가 필요하다고 생각한 제품을 제일 먼저 만들어. 다른 데는 없는 걸 만드는 거지."

이진욱 해브앤비 대표는 닥터자르트가 만드는 제품을 "앨범"이라고 부른다. 가수가 정규 앨범 한 장을 내놓는 데 보통 2년이 걸리듯 닥터자르트는 빠르게 변하는 화장품 트렌드에 맞춰 제품을 쏟아내는 대신 2년마다 꾸준히 신제품을 선보인다. 그때마다 기존 시장에서는 볼 수 없었던 새로운 기능의 제품 라인을 내놓아 소비자들의 사랑을 받는다. 그는 자신의 브랜딩 철학에 대해 이렇게 말했다. "반짝하는 히트 상품을 내놓는 건 쉽지만 브랜딩은 차원이 다른 이야기다. 소비자들이 궁금해하는 제품, 새로운 시장을 개척해나가는 혁신 제품으로 스토리텔링을 하는 게 브랜딩이고, 이것이 우리가 추구하는 방향이다."

닥터자르트가 선보인 '앨범'을 순차적으로 살펴보면, 1집 비
비크림, 2집 세라마이딘, 3집 시카페어, 4집 펩타이딘 등이다.
2005년 닥터자르트가 출시한 비비크림은 피부과에서 사용하던
블레미시 밤을 화장품으로 대중화한 국내 첫 비비크림이었다. 이
후 대부분의 화장품 업체들이 우후죽순 비비크림을 만들기 시작
했다. 그러자 닥터자르트는 2012년 다른 시장으로 넘어갔다. 보습
성분 세라마이드를 담은 화장품이었다. 개발에만 2년이 넘게 걸린
제품이라고 한다. 연고처럼 생긴 세라마이딘 크림은 지난 2019년
까지 국내에서만 100만 개 넘게 팔렸다. 이어 2016년 출시한 시카
페어는 일명 '호랑이풀'로 불리는 병풀 추출물을 원료로 사용해 병

풀 화장품의 대중화를 이끌었다. 또 2018년 선보인 펩타이딘은 더마코스메틱(약국 화장품) 브랜드들이 관심을 두지 않는 펩타이드 성분을 시장으로 끌어낸 제품으로 꼽힌다. 이 대표는 "새로운 시장을 창출하고 그 시대에 의미 있는 메시지를 던지는 게 브랜드가 해야 할 일"이라며 "펩타이딘을 내놓은 것도 미세먼지 스트레스 등 유해 환경에 지친 피부와 현대 도시인에게 활력과 에너지를 줘야 한다고 생각했기 때문"이라고 제품 개발 취지를 설명했다.[1]

대박 난 컨셉에 안주하며 자기 복제만 거듭하는 것이 아니라 앨범을 낼 때마다 대중이 원하는 새로운 장르를 선보이며 변신하기 위해 노력하는 가수를 팬들이 외면할 수 있을까? 소비자의 마음속에 있는 필요를 찾아내서 그것을 최초로 만들어내는 일은 그래서 중요하다. 요즘의 소비자들은 그렇게 노력하는 브랜드에 마음을 열게 된다. 가려운 곳을 콕 짚어 긁어주는데 어떻게 사랑하지 않을 수 있겠는가?

'최초'는 최고의 마케팅

나도 그렇지만 대부분의 사람들은 잘나가는 혁신적인 제품들을 보며 한 번쯤 이렇게 말한다. "나도 저거 생각했었는데!" 그들과 나의 차이는 뭘까? 바로 그들은 했고 난 아무것도 하지 않았다는 것이다. 생각했을 때 했어야 했는데 끊임없는 자기 검열로 '이게 될까?'만 자문하며 항상 내가 내 발목을 잡았던 것 같다.

물론 시도한다고 다 잘되는 건 아니다. 그랬음 다들 했게? 하지만 자기가 할 수 있는 선에서 하고 싶다는 마음이 드는 일이 있다면 적어도 한 번은 해봐야 한다. 설령 처음 구상했던 그 일이 실패할지라도 그 자리에서 또 다른 일들이 벌어지기 때문이다.

지금 지구상에서 가장 혁신적인 브랜드 중 하나는 아마존이다. 아마존은 '프라임'과 같은 유료 구독 서비스, 물류센터용 운반 로봇 시스템 '아마존 로보틱스', 상품 배송 자율주행 로봇 '아마존 스카우트', 세계 최초의 무인 매장인 '아마존 고' 등 다른 기업들이 한 번쯤은 꿈꿔보았을 만한 일들을 그대로 해냈다. 아마존이 지금의 자리에 있게 해준 것은 바로 그 혁신적인 아이디어를 바로 실행에 옮긴 행동력에 있다. 그들은 지금도 끊임없이 혁신의 베타테스트를 하고 있다. 베타테스트가 실패해도 포기하지 않고 다시 시험하고 계속해서 시험한다. 그런 수많은 실패가 쌓여 최초가 만들어진 것이다. 남들이 한 것만 답습해서는 절대로 요즘 애들의 선택을 받을 수 없다. 최초를 향한 지칠 줄 모르는 시도가 뒷받침돼야 한다.

그럼 왜 요즘 애들은 최초를 선택하는 걸까? 최초는 그들에게 용기를 의미한다. 그래서 새로운 시도 자체에 큰 호감을 보인다. 처음으로 길을 열어가는 이들에게 열렬한 환호를 보내며, 자신이 하지 못하는 것을 해내는 사람들을 '리스펙트' 한다. 이들에게 혁신이란 세상에 없던 뭔가를 만들어내는 것을 말한다. 그것도 최초로!

잊지 말아야 할 점 하나는 '최초의 도전'은 한번 해봤다고 그만두는 것이 아니라 지속적으로 이어가야 한다는 것. 그래야 브랜드가 오래 살아남을 수 있는 힘을 갖게 된다. 한때 크게 히트한 후 별다른 활동이 없는 아티스트는 사람들의 기억 속에 오래 존재하지 못하듯이 말이다. 한번 정상에 오른 가수들도 끊임없이 앨범을 내고 변신에 변신을 거듭한 후에야 '국민가수' 반열에 오를 수 있다.

브랜드도 마찬가지다. 요즘 애들은 지속적으로 새로운 것을 시도하고 보여주는 데 열광한다. 매번 혁신적인 신제품을 선보였던 잡스의 행보에 '앱등이'라 불릴 만큼 충성도 높은 고객이 생겨난 것처럼.

최초의 가치를 나만큼이나 높게 평가하는 '스푼 라디오' 최혁재 대표의 좌우명으로 마무리해본다.

"뭐든 하는 것이 완벽보다 낫다."

나이를 먹을수록 처음 해보는 일들이 점점 더 두려워진다.
남들이 다 하는 일도 내가 처음 해볼 때면 겁이 나는데
아무도 안 한 일을 최초로 한다는 건 오죽할까.
늦은 나이에 창업을 하면서 처음에는
선배들과 다른 새로운 길을 가겠다고 마음먹었지만
자꾸만 내가 늘 해오던, 안정적인 길로 걷게 된다.
정작 나는 못하면서 남들더러 새로운 시도를
권유한다면 비웃을지도 모르겠다.
하지만 그래서 더 해야 한다고 말하고 싶다.
시간이 지나면 점점 더 어려워지니까.
나는 요즘 애들이 부럽다.
지금이 가장 두려움이 없을 때니까 .
앞으로 그들이 걸을 수많은 '최초'의 한 걸음이 정말 부럽다.

#code2

가슴을 치면
머리는 저절로 따라온다

"가슴을 치면 머리는 저절로 따라온다." 무패 신화를 기록한 전설의 복서 로키 마르시아노가 한 말이다. 상대적으로 치기 어려운 머리를 겨냥하기보다 가까운 가슴을 쳐서 KO시켰다는 얘기다. 머리보다 가슴을 건드리는 게 중요하다는 사실은 권투나 마케팅이나 별반 다르지 않은 것 같다. 뉴스에 등장하는 AI나 디지털 테크놀로지의 발전에 대한 이야기를 들으면 괜히 겁도 나고 움츠러들기 마련이다. 나도 최근 5년 사이 국내 은행의 영업 점포 수가 660곳 넘게 사라졌다는 기사를 보고 입맛이 썼다. 비용 절감 및 효율화를 위해서라는데, 그중 한 원인은 모바일 뱅킹 활성화로 더 이상 점포 수가 영업 경쟁력을 의미하지 않기 때문이라고 한다. 점차 오프라인의 자리를 온라인이 채우고 사람의 자리를 기술이 채운다. 그래서인지 반대급부로 과거에 대한 향수를 자극하는 뉴트로 트렌드가 사람들의 감성을 건드리고 있다. 가장 인간적이고 가장 감성적인 것들은 시대가 발전하고 세대가 변할수록 오히려 더 중요해진다.

#code2

'충조평판'보다는 공감 능력

나는 1975년생이다. 한국 나이로 46세. 내가 속한 세대가 받은 교육을 한마디로 정의한다면 "외워!"가 아닐까?

고1 때 갑자기 입시 제도가 바뀌더니 수능을 본다고 해서 나는 위기 아닌 위기를 겪었다. 암기로 성적을 유지해온 나 같은 사람에게 수능 문제는 마치 영재반에 들어가기 위한 지능 테스트처럼 보였다. 이런 고백을 하는 '옛날 사람'이 나뿐만은 아닐 것이다. 나를 포함한 우리 세대는 응용과 적용에 미숙하다. 그저 쓰여 있는 대로 암기하는 데 능통하고 시키는 대로 하는 데 정통하다. 시키는 것만 잘해도 좋은 대학을 갈 수 있었고 좋은 직장에 들어가서 좋은 자리까지 올라갈 수 있었다. 우리에겐 창의력보다는 순종, 충성심이 훨씬 더 중요하게 여겨지는 덕목이었다.

아무리 광고대행사를 20년 가까이 다니며 새로운 아이디어를 다루는 최전선에서 일했다고 해도 어렸을 적에 다져진 폼은 잘 바뀌지 않는다. 여전히 창의적이기보다는 어떻게 하면 좋은 레퍼런스를 찾아서 잘 베낄까 하는 고민이 나의 필살기이고 생존 법칙이다. 실제로 나의 기획과 아이디에이션은 대부분 당시의 트렌드를 보고 비슷하게 흉내 낸 레퍼런스로 만든 광고가 대부분이었다. 가르침을 받는 게 훨씬 익숙하고 편한 세대의 대표 주자가 바로 나란 사람이다.

하지만 요즘 애들은 그렇게 가르치려고 폼만 잡아도 벌써부터 온몸에 두드러기 난다는 듯이 질색을 한다. 잘은 모르겠지만 그게 뭐든 극도의 혐오감을 보인다. 최서윤 작가의 『불만의 품격』이란 책을 보면 요즘 애들이 젊다는 이유로 나 같은 세대에게 가르침을 당하고 'N포 세대' 등으로 규정되는 데 얼마나 염증을 느끼는지 단적으로 확인할 수 있다.

"그동안 청년이자 여성으로 한국 사회에서 신나게 얻어터지며 살아왔다. 규정을 '할 수 있는' 사람은 권력을 가진 자들일 때가 많았다. 20대 때에는 어른들 보시기에 언짢게 투표와 시위를 한답시고 싸잡혀 '개새끼'라고 불렸고, 열심히 살지 않는다는 이유로 '루저'라고 낙인찍히기도 했다. 패기가 없다고 두들겨 패다가 갑자기 청년들을 불쌍해하는 사회적 분위기가 형성되더니 3포 세대니 N포 세대니 하는 용어를 우리에게 들먹였다."[2]

지금의 밀레니얼 세대는 '한강의 기적' 이후 저성장·고령화 사회에 진입한 대한민국을 정통으로 마주한 세대다. 호황을 누린 경험은커녕 당장 제 앞가림도 힘든데 나중에 훨씬 더 많은 노인 인구를 부양해야 한다는 근심까지 안고 있다. 책임감과 경쟁이란 굴레를 물려받은 가장 억울한 세대. 밀레니얼 세대가 'N포 세대'로도 불리는 이유다. 이들의 특징은 '워라밸' '욜로' 같은 몇몇 키워드로 규정되곤 하지만 사실 밀레니얼 세대를 하나의 틀에 가둬놓기란 불가능하다. 기성세대가 정해놓은 답을 따라가는 것이 아니라 '내가 결정한 삶을 내 방식대로' 살아가기를 원하기 때문이다. 그들에게 실제로 주는 것 없이 말로만 '충조평판'(충고, 조언, 평가, 판단)을 하려고 한다면 무조건 '극혐' 딱지를 받을 가능성이 높다. 밀레니얼들에게 가장 눈살 찌푸려지는 광고를 꼽으라고 하면 아마 D 보험사 광고를 꼽지 않을까 싶다. 그 광고의 메시지는 이렇다. "네 꿈을 펼쳐라, 네 꿈을 펼쳐라. 더 나은 미래를 향해 네 꿈을 펼쳐라. Dream Big."

왜 이 광고가 젊은이들에게 환영받지 못하는지는 굳이 설명하지 않아도 될 것이다.

이제 소비의 주체가 된 이들은 더 이상 이런 식으로 가르치는 브랜드를 수용하지 않는다. 그들에게 필요한 건 그들의 마음을 읽어주는 브랜드다. 자기계발서 같은 교훈을 주는 게 아니라 에세이처럼 나를 공감해주고 이해해주는 메시지가 요즘 애들의 마음을 건드린다. 사회에 진출하기 전부터 많은 부담을 어깨에 지고 많은 것들을 포기할 수밖에 없었던 세대기에 충조평판이 아닌 공감 능력이 있는 브랜드에 마음을 여는 것은 당연하다.

video can't kill the radio star

요즘은 유튜브를 비롯한 다양한 영상 플랫폼이 등장하면서 기존 방송사도 커다란 변화의 기로에 놓여 있다. 그런데 이런 시류에서 뜻밖의 매체가 명맥을 유지하고 있으니, 바로 라디오다. TV를 넘어 AR, VR과 함께 AI 시대로 가고 있는 현시점에 라디오라니 놀랄 일이다. 그것도 사용자의 70% 이상이 가장 디지털화된 밀레니얼 세대라고 하니 두 눈이 휘둥그레질 수밖에 없다. 우리 때는 라디오의 주요 청취자가 학생이었다. 공부를 해야 하니 TV를 볼 수는 없고, 부모님 몰래 라디오라도 들으며 수험생의 고달픔을 달랠 수밖에 없었다. 하지만 요즘은 학생들이 접할 수 있는 매체가 무수히 많지 않은가.

한때 〈Video kill the radio star〉라는 노래가 인기를 끌었을 정도로 라디오는 새로운 대체 미디어가 나올 때마다 곧 사라질 것이라

누구나 라디오 DJ가 될 수 있는 개인 오디오 방송 플랫폼 스푼 라디오

고 전망됐다. 하지만 라디오는 TV의 등장에도 사라지지 않았고 요즘 대세인 '유튜브' 앞에서도 명맥을 유지하고 있다. 그렇다면 라디오는 어떻게 유튜브의 주요 시청층인 10대와 20대의 마음을 사로잡았을까?

화려한 영상에 지친 이들에게 이미지 없이 귓가에만 들려오는 목소리는 편안한 위안이 된다. 저성장의 그늘 아래 최고 수준의 경쟁에 내몰리며 실패의 꼬리표를 달고 다니는 이들은 항상 위로에 목마르다. 감성은 아날로그적으로 전달될수록 그 효과가 극대화된다. 위로 결핍 세대에게 라디오에서 들려오는 따뜻한 감성적 말 한마디는 그들에게 공감대를 형성해주고 자존감을 끌어올려준다. 공감이라는 키워드는 따지고 보면 어느 세대의 1020에게나 필요한 것이다.

그런 의미에서 최근 크게 성장하고 있는 오디오 방송 플랫폼 '스푼 라디오'는 요즘 세대의 갈증을 해소해준다. 특히 BJ와 청취자 가릴 것 없이 남 앞에 설 수 있다는 자신감을 충족해주는 플랫폼이라는 점에서도 큰 매력이 있다. 비주얼에 신경 쓰지 않고 진솔하게 소통하면서 존재감을 얻을 수 있는 통로이기 때문이다. 영상 만능 시대, 능력 배틀 시대에 '남들도 나와 다르지 않구나, 나 혼자가 아니구나' 하고 느낄 수 있게 해주는 목소리는 강한 힘을 갖는다.

이렇게 라디오처럼 전통적인 매체라도 요즘 애들의 마음을 읽고 이해할 수 있는 장치가 더해진다면 새로운 사업이 된다. 이런 것이야말로 진정한 뉴트로가 아닐까.

어설픈 동기부여는 독이다

"제목이 저게 뭐야?" 어떻게 베스트셀러가 됐는지 이상하기만 했다. 이런 제목의 책은 난생처음이기도 했고 그 뜻을 이해하기도 힘들었다. 게다가 유시민이라는 당대 최고 작가의 『역사의 역사』를 밀어내고 (그때만 해도) 무명작가의 책이 판매 1위를 하다니 대단한 일이었다.

원래 이 책은 출판사 편집자 출신인 백세희 작가가 마음 맞는

안에 있는 작은 글씨:
죽고 싶지만 떡볶이는 먹고 싶어

"자기가 지금 힘든 줄도 모르고 사는 사람이 많아요.
이유 없는 허전함에 시달리면서."

베스트셀러 『죽고 싶지만 떡볶이는 먹고 싶어』

주변인들과 나눠 가질 생각으로 만든 독립출판물이었다. 크라우드 펀딩 플랫폼인 '텀블벅'을 통해 2,000만 원을 모아 1,500부를 찍었다. 독특한 제목과 신선한 형식으로 독립출판물 업계에서는 한창 입소문을 타고 있었다고 한다. 책은 10년 넘게 '기분부전장애'(경도의 우울증)와 '불안장애'를 겪고 있는 저자가 정신과 의사와 상담한 내용을 담고 있다. 상담 내용 녹취를 그대로 대화체로 옮겼다.

이런 형식의 책이 베스트셀러라니 보지 않고는 그 이유를 알 수 없을 것 같아 나도 한번 읽어봤다. 아무래도 대화체로 쓰여 있다 보니 쉽게 읽혔다. 심각할 수 있는 내용이지만 너무 무겁지 않게 또한 재치 있으면서도 솔직하게 풀어내고 있었다.

이 책이 수많은 심리 서적 사이에서 독보적인 사랑을 받을 수 있었던 건 책을 읽은 많은 독자들이 '나도 같은 기분을 느낀 적이 있어' '나도 자주 그랬었지' 하는 공감의 말을 할 수 있게 만들었기 때문이다. 대단한 이론이나 심리 분석이 담겨 있지는 않지만 평범한 한 사람의 아프고 어두운 마음 한구석을 담담하게 드러낸 부분에서 많은 이들이 동질감을 느꼈을 것이다. 스스로 깨닫지 못한 자신의 속마음을 들여다본 계기가 됐을 수도 있다.

솔직히 나 같은 세대들은 이런 이야기에 공감하는 친구들을 보면서 '참 나약하다' '현실적이지 못하다' 하고 남몰래 속으로 비난하기도 한다. 따지고 보면 우리 세대도 힘들긴 마찬가지였으니까. 하지만 우리에겐 요즘 세대에게는 없는 희망이란 게 있었다. 경쟁의 강도도 지금처럼 세지 않았고 그만큼 기회도 더 많았다. 학자금 대출이라는 태생적인 짐을 진 사람도 많지 않았고 있다고 해도 직장에서 받는 월급으로 쉽게 갚을 수 있었다. 직장에서 잘 지내기만 해도 그다지 어렵지 않은 삶을 꾸릴 수 있었다. 그만큼 좋은 직장에 들어가는 게 가장 중요한 일이었고 거기서 잘 버텨 위로 올라가는 게 생존법이었다. 살아남으려다 보니 윗사람들이 뭐라 하는 말이 기분 나빠도 참고 버틸 수 있었다. 그들이 내 인생을 끌어올려 줄 가장 쉽고 가장 빠르고 가장 좋은 동아줄이기도 했으니까.

요즘은 다르다. 초저임금 시대에 진입해 본업 하나만으로는 생계를 유지하기도 빠듯하다. 평생 직장은 당연히 없고 N잡러가 트렌드가 될 정도다. 윗사람들은 그 자리에 버티고 앉아 나가지 않고 그들의 비위를 맞추며 악착같이 버텨봤자 그들만큼 벌지도, 집 한 채 마련하지도 못한다. 그러니 밀레니얼 세대에게 어설픈 동기부여는 독이다. 진짜 마음을 움직이고 싶다면 이들을 이해하고 위로하려고 노력해야 한다. 이미 이들은 이래라저래라 충분히 들을 만큼 들은 세대고 힘들 만큼 힘든 세대다.

정혜신 박사의 책 『당신이 옳다』를 보면 이런 내용이 있다.

"공감은 힘이 세다. 강한 위력을 지녔다. 쓰러진 소도 일으켜 세운다는 낙지 같은 힘을 가졌다. 공감은 돌처럼 꿈쩍 않던 사람의 마음을 움직인다. 경각에 달린 목숨을 살리는 결정적인 힘도 가졌다. 치유의 알파와 오메가가 공감이라고 나는 믿는다."[3]

그러니 가르치려 하지 말자. 그저 이해해주자. 이들의 마음을 읽으려고 노력하는 것이 이들과 소통하는 첫 번째 길이다. 우리 세대는 자꾸 이 사실을 잊어버린다. 관성처럼 일방적으로 전달하려 하고 주입시키려 한다. 그렇게 공부하며 살아왔으니까. 하지만 요즘 애들과 함께 일하고 그들의 마음을 얻어 브랜드를 어필하려면 기존의 방식도 바꿔야 한다. 공감을 바탕으로 마음의 문을 여는 게 먼저다. 못 열면 실패다.

전설의 권투 영웅이자 영화 〈록키〉의 실제 인물인 로키 마르시아노가 그랬다고 하지 않나. 아무리 상대의 머리를 때리려고 애써봤자 절대로 때리지 못한다고. 상대를 KO시키려면 머리보다 그의 가슴을 치라고. 그러면 머리는 저절로 따라오게 돼 있다고.

요즘 애들이야말로 가슴을 제대로 칠 때 큰 반응이 오는 세대다. 가르치고 설득한다고 해서 결코 움직이지 않는다. 새로운 소비의 주체로 선 이들의 가슴을 울리는 일에 집중하자. 그런 브랜드가 결국 살아남을 것이다.

2020년 트렌드를 다룬 책들에서 말하길,
앞으로 사람들이 더욱더 인간적인 것들을
희구할 가능성이 높다고 한다.
외로움의 지수가 점점 높아지는 세대라서 그렇단다.
기계가 발달하고 경쟁이 치열해지면 치열해질수록
이러한 경향은 더 커지지 않을까?
우리는 로봇이 될 수 없으니까.

#code3

똥인지 된장인지
먹어봐야 제맛을 안다

"가장 창의적인 볼펜을 만드는 방법은 뭘까?"

이 질문을 받은 카카오의 조수용 대표는 이렇게 대답했 ·
다고 한다.

1. 세계 여행을 떠난다.

2. 전 세계를 돌아다니며 볼펜이란 볼펜은 있는 대로 다
    수집한다.

3. 수집한 볼펜들 중 최적의 조합을 찾아낸다.

즉, 가장 창의적인 제품은 여러 가지 경험이 만들어낸다
는 말이다. 우리 세대엔 "똥인지 된장인지 먹어봐야 아
느냐"는 말이 감이 없다는 비하의 뜻이었지만 요즘은 똥
인지 된장인지 먹어본 그 경험의 가치가 중요하다고들
말한다. 직접 먹어봐야 제맛을 알 수 있고, 그래야 다른
것도 새롭게 만들어낼 수 있기 때문이다.

#code3

tangible이 visible을 이기는 시대

과거의 마케팅은 인지도 싸움이었다. 잘되는 브랜드는 계속 잘되고 안 되는 브랜드는 결국 망했다. 그러니 1년에 100억, 200억씩 되는 광고비를 마구 쏟아부었다. 그 덕에 LG전자가 제품의 디자인과 화제성 있는 광고를 내세워 '초콜릿'이란 핸드폰을 1,000만 대씩 팔 수 있었던 것이다.

하지만 요즘은 그렇지 않다. 지금은 이전보다 더 많은 정보를 빠르게 파악하고 순식간에 전달할 수 있는 시대다. 예전엔 제품의 정보를 얻을 수 있는 곳이 15초 광고가 전부였다고 해도 과언이 아니었지만 이제는 온라인 검색으로 제품의 가격부터 질, 그 브랜드가 가진 역사와 스토리까지 모두 찾아볼 수 있다. 이제 단순히 보이는 것에만 의존해 상품을 구매하는 시대는 끝났다. 그런 세대는 존재하지 않는다.

요즘 애들은 보여지는 게 전부라고 생각하지 않기 때문에 쉽게 구매를 결정하지 않는다. 일방적으로 전달되는 광고 내용도 좀처럼 믿지 않는다. 티셔츠 하나를 사더라도 사이트별로 가격 비교를 하고 구매 후기도 꼼꼼히 읽어보고 따질 수 있는 건 이것저것 다 따져보고 산다. 특히 조작된(이를테면 돈을 주고 가짜 후기를 쓰게 했다든가) 구매 후기가 있다면 귀신같이 찾아내는 게 요즘 애들이다. 아마존이 전 세계에서 가장 사랑받는 브랜드로 거듭나게 된 계기도 소비자들의 구매 후기를 정직하게 관리한 덕이라고 하지 않는가.

어디까지 해봤니

2019년 설날 연휴 마지막 날 『중앙일보』의 「'명절 파업' 어머니 대신 '3대 독자' 차례상 첫 도전기」라는 제목의 기사가 화제가 됐다. 그 이유는 기사에 상황에 맞지 않는 호칭을 가진 친척이 다수 등장했는데 이를 누리꾼들이 지적할 때마다 수차례 기사를 수정했기 때문이다. 이후 『중앙일보』는 외가와 본가를 헷갈린 수습기자의 실수라고 변명했다. 하지만 그 말을 믿는 사람은 아무도 없었다. 직접 경험해보지도 않고 조회 수 낚시를 위해 소설로 쓴 기사를 사람들은 신뢰하지 않았고, 요즘 애들은 거침없이 공격을 퍼부었다. 왜 이 기사가 이리도 공분의 대상이 되었는지 살펴보면 요즘 애들이 '정확한 정보' '경험한 콘텐츠'에 얼마나 큰 가치를 두는지 알 수 있다.

한편 SBS의 히트 예능 프로그램인 〈백종원의 골목식당〉에서 가장 화제가 된 식당 중 하나가 '포방터 돈가스집'이라는 사실에는 이견이 없을 것이다. 많은 사람들이 새벽부터 가게를 찾아가 텐트를 치고 줄을 선 사진들이 SNS에 한창 돌았으니 말이다. 나도 당시에 그 집을 보면서 '한번 먹어보고 싶긴 하다'는 생각은 했었다. 그런데 최근 포방터 돈가스집이 이전을 한다는 소식이 또다시 화제가 됐다. 알고 보니 돈가스를 먹겠다고 새벽부터 모여든 사람들 때문에 인근 주택가와 시장 주민들로부터 민원이 빗발쳤고, 상인협회와의 갈등처럼 공개하기 민감한 문제들이 겹쳐 가게 주인의 마음에 상처가 컸다고 한다.

안타까운 일임은 분명한데, 내 입장에서는 이 모든 상황이 도저히 이해가 안 간다. 아니 저게 뭐라고 해가 뜨기도 전에 가서 9시간을 기다리면서까지 먹으려고 할까? 아무리 맛있다고 해도 굳이 저렇게까지 자기 시간을 쓰는 이유가 뭘까? SNS에 인증하기 위해 저런 수고와 희생을 감내하는 걸까? 도저히 이해가 되지 않았다.

사실 포방터 돈가스집뿐만이 아니다. 쉑쉑버거와 블루보틀이 국내에 지점을 오픈했을 때도 같은 풍경이 연출됐다. 화제의 중심에 있는 음식점에 가보는 일처럼 원하는 것을 직접 경험해볼 수 있다면 요즘 애들에게 밤샘 줄서기쯤이야 어려운 일도 아닌 것이다. 쏟아지는 후기를 보고 그치는 것이 아니라 시간을 들이고 발품을 팔아서라도 직접 검증하고 나의 경험을 다시 덧붙이는 세대. 그들에게 제품의 정보를 주입시키는 광고는 더 이상 효력이 없다.

상품이 아니라 경험을 판다

워라밸이 강조되고 있는 요즘, 여행 시장은 폭발적으로 성장하고 있다. 항공사부터 숙박업까지 관련 산업들은 너 나 할 것 없이 호황이다. 그런데 이런 즐거운 분위기에서도 기존 여행 사업자들은 빠르게 도태되고 있으며 빅3 여행사 또한 웃음 짓지 못하고 있다. 국민의 절반 이상이 해외여행을 떠났지만 전통적인 여행사들은 줄도산을 했고 국내 빅3 여행사는 영업이익이 반토막 났다. 오프라인 여행사 또한 종적을 찾아볼 수 없는 지경이 됐다. 자유여행 선호도가 높아지면서 패키지 여행의 수요가 급감했기 때문이다.

누군가의 위기는 누군가에게 기회가 되는 법. 이런 변화 속에서 소비자들의 성향을 정확히 파악해 시장을 리드하고 있는 브랜드가 바로 '마이리얼트립'이다. 마이리얼트립의 이동건 대표는 이 업체가 여행 상품을 팔긴 하지만 여행사는 아니라고 한다. "마이리얼트립이 다루는 게 여행일 뿐, 정체성은 마켓 플레이스"라는 것이다.

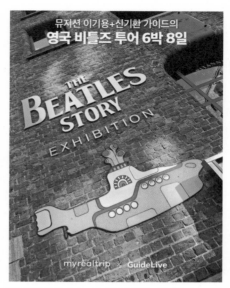

마이리얼트립의 현지 가이드 투어와 함께하는 색다른 자유 여행

마이리얼트립은 자유여행을 위한 플랫폼이 전무하던 시절에 자유여행객과 현지 가이드 투어를 연결하는 사업 모델을 선보였다. 기존의 패키지 여행이 다양한 상품의 나열이라 한다면 현지 가이드 투어는 하나의 콘텐츠에 가깝다. 소믈리에와 함께하는 와인 농장 투어, 미술사 전공자와 함께하는 박물관 투어, 스탠퍼드대생과 함께하는 캠퍼스 투어 등 전문 가이드를 따라 정해진 루트를 다니는 식상한 여행이 아닌, 현지에 살고 있는 전문가들이 각자의 컨셉에 맞춰 만든 특색 있는 프로그램은 마이리얼트립만의 강점이 됐다.

이 대표는 말한다. "저가 출혈 경쟁이 일어나는 이유는 똑같은 상품을 팔기 때문이에요. 중개 비즈니스를 하는 마켓 플레이스의 숙명이죠. 이를 피하기 위해서는 남들이 팔지 않는 것을 팔아야 해요. 마이리얼트립에만 있는 가이드 투어나 한인 민박 등 차별화된 콘텐츠를 늘려가고 있는 이유입니다."[4]

비슷비슷한 여행 상품은 요즘 애들의 사랑을 받을 수 없다. 그들이 원하는 것은 그 여행지에서만 누릴 수 있는 생생한 경험이다.

공유경제 기반의 숙박 플랫폼으로 큰 성공을 이룬 에어비앤비가 지금까지 살아남을 수 있었던 결정적인 계기는 "여행은 살아보는 거야"라는 한마디 말이었다. 이제 에어비앤비는 여행 전반에 걸친 고객 경험에 관여하는 서비스 회사로 거듭나고 있다. 2016년 말 출시된 '에어비앤비 트립Airbnb Trip'은 호스팅 범위를 기존의 숙박뿐 아니라 여행 경험으로까지 확장한 새로운 여행 공유 서비스다. 호스트가 판매하는 상품은 지역의 소규모 라이브 공연, 소셜 다이닝 체험, 예술 및 역사 탐방 등 15개 이상의 다양한 카테고리로 나뉜다. 여기에는 '사하라 사막에서 캠핑하며 베두인과 함께 살아보기' '북극 여행하기' 등 평생 잊지 못할 강렬한 체험들도 포함되어 있다.

잠깐이나마 현지인처럼 일상을 살아보는 것이야말로 진정한 여

행이다. 경험이 없으면 여행이 아니라 구경이라고 여기는 요즘 세대들은 좀 더 새로운 체험을 원한다.

제품을 고를 때도 마찬가지다. 살아 있는 콘텐츠를 경험한 후에야 구매라는 단계로 넘어간다. 상품 그 이상의 무언가가 있을 때 더 쉽게 소비한다. 이들의 선택을 받고 싶다면 상품이 아니라 상품이 줄 경험을 팔아야 한다.

가장 강력한 경험이야말로 가장 좋은 판매책임을 잘 아는 브랜드가 바로 영국 프레시 핸드메이드 코스메틱 브랜드 '러쉬'다. 장기화된 불황에도 불구하고 최근 3년간 연평균 매출 성장률 26.4%를 기록하며 국내 시장에서 선전하고 있다. 특히 TV 광고는 물론 유명인을 모델로 쓴 적도 없이 거둔 성적표여서 더 눈에 띈다. 온라인 쇼핑몰이 급증하고 올리브영과 같은 드러그스토어 형태의 매장이 아니면 살아남지 못하는 상황에서 단일 브랜드로서 온라인 숍에 의존하지 않고 생존한 몇 안 되는 화장품 브랜드다.

사실 러쉬가 꽃길을 걷고 있는 요인은 여러 가지다. 가치 소비, 윤리적 소비를 지향하는 소비자들이 늘어나는 추세에서 러쉬는 제품의 원료가 자사의 윤리 기준에 맞지 않으면 과감히 그 원료를 포기했고, 여기서 그치는 게 아니라 캠페인을 이끌어 더 많은 이들이 윤리적 생산에 동참할 수 있도록 독려했다. 이런 브랜드 정신이 국내 소비자들의 사랑을 받게 된 원인이라는 의견도 있다.

하지만 그중에서도 가장 핵심적인 요인은 바로 러쉬라는 브랜드가 소비자들에게 제공하는 아주 강렬한 경험일 것이다. 러쉬 매장 앞을 지나가다 보면 좋은 향기가 나 고개를 돌리지 않을 수 없다. 그럼 매장 앞에서 분홍 거품을 가지고 이런저런 장난을 치고 있는 직원을 보게 된다. 그의 화려한 움직임을 뒤로하고 매장 안을 쳐다보면 형형색색의 제품들이 눈길을 끈다. 러쉬의 상징인 검은색 패키지(그들은 블랙팟이라고 부른다)에 담긴 형광색 제품들. 얼핏 보면 인테리어 소품 같지만 알고 보면 목욕용품, 스킨케어 제품들이다. 매장에 들어서면 고객이 직접 제품의 향을 맡고 사용해볼 수 있다. 그 안에서 충분한 경험을 하고 나면 그 어느 소비자라도 빈손으로 매장을 나오기 힘들다. 러쉬는 상품을 진열해두고 파는 매장이 아니라 상품을 경험하게 해주는 일종의 놀이터인 셈이다. 소비자들이 거리낌 없이 그들의 제품을 체험해볼 수 있는 분위기를 만드는 것이야말로 그들이 가진 최고의 콘텐츠 아닐까?

해시태그로 움직인다

내가 창업한 '브라이언에잇'이라는 광고회사는 한동안 제대로 된 디지털 광고를 만들어내지 못했다. 그러던 중 매일유업 '우유속에'라는 브랜드의 경쟁 PT에 참여하게 됐다. '유튜브에서 높은 조회 수가 나오게 만들면 되겠지?' 하는 가벼운 마음으로 찾아갔는데, 막상 광고주가 준 숙제는 SNS에서 '우유속에' 해시태그 게시물이 몇만 개가 되게 만들어달라는 주문이었다. '어떻게 광고 하나로 사람들이 자발적으로 해시태그를 달게 할 수 있지?' 막막했다. 고민에 고민을 거듭하다가 역시나 배운 게 도둑질이라고 이런 생각을 하게 된다. '무슨 수를 써서라도 광고를 완전 재밌게 만들어서 끝까지 보게 하자. 그럼 사람들이 해시태그를 달아줄 거야!' 이 뻔한 전략을 시안으로 만들어 광고주에게 제시했더니 광고주는 이런 피드백을 줬다.

"아무리 영상 광고가 재밌다고 해도 바로 자기 인스타그램에 가서 해시태그를 달 사람이 있을까요? 무슨 콘텐츠로 해시태그를 다나요? 영상을 리그램하나요?"

지금 생각해보면 참 바보 같고 안이한, 디지털은 1도 모르는 꼰대 기획자의 어설픈 디지털 홍보 아이디어였다. 다행히 너그러우신 광고주 덕분에 우린 다시 한 번 기회를 얻게 됐다.

"실질적으로 소비자들이 직접 해시태그를 다는 행동을 할 수 있게 할 아이디어가 필요합니다. 영상 보고 끝인 캠페인 말고요."

이럴 때 꼰대들은 자신이 수십 년간 해온 방식을 잘 버리지 못하고 직접 방법을 찾아보려 애쓴다. 하지만 애쓴다고 되는 일은 따로 있다. 나는 그냥 젊은 직원들에게 맡기기로 했다. "이번에는 너희 아이디어로 가보자. 나이든 나랑 크리에이티브 디렉터는 너희 아이디어를 광고주에게 가져가서 잘 팔아볼게."

후배들이 가져온 아이디어는 이랬다. "이 제품의 주 채널인 편의점을 이용하는 10대들이 자발적으로 해시태그를 올리게 하려면 뭔가 가지고 놀 수 있게 해줘야 해요. 그래서 저희가 제시하는 아이디어는 '우유속에 한 글자'입니다."

우리는 제품 앞면에 10대들이 가장 많이 쓰는 '인싸어'를 한 글자씩 넣고, 우유를 모아 자기만의 재밌는 단어를 만들게 하기로 했다. 그리고 SNS에 해시태그와 함께 인증 게시물을 올리면 경품을

제품 앞면에 인싸어를 한 글자씩 넣은 캠페인

주는 캠페인을 진행하는 전략이었다. 먼저 한 글자를 새긴 제품이 나왔다는 것을 알리는 광고 영상을 내보냈고, 이어 편의점에 한 글자가 새겨진 제품이 진열되기 시작했다. 캠페인은 대성공이었다. 광고주가 요청했던 해시태그 미션도 완벽하게 해낼 수 있었다. 더불어 소비자들이 행사에 참여하기 위해 제품을 '2+1'으로 구입한 덕에 판매에도 큰 기여를 했다.

이 캠페인에서 볼 수 있는 것처럼 요즘 애들에게 '놀거리'를 던져주는 일은 매우 중요하다. 참여는 시킨다고 되는 일이 아니다. 흥미를 느끼고 경험할 수 있는 무언가를 던져주면 그들은 자발적으로 움직인다. 제품을 사는 것이 아니라 제품이 주는 '재미'와 '경험'을 사는 것이다.

SNS에 공유하는 콘텐츠의 대부분은 자신의 경험을 보여주고 싶어 하는 욕구를 반영한다. 젊은 직원들은 그 지점을 정확히 간파했다. 아마도 내 머릿속에서 나온 아이디어였다면 요즘 애들의 마음을 건드릴 수 없었을 것이다. 젊은이들은 젊은이가 안다고, 요즘 애들을 움직이는 건 결국 요즘 애들의 생각이었다. 광고만 그럴싸하게 만들어 '척'하는 마케팅은 이제 한물갔다. 밀레니얼 세대에게는 어떤 경험을 선물할 것인지 진지하게 고민해야 한다.

포방터 돈가스집은 제주도 '연돈'으로 이전한 후에도
새벽부터 줄서기 행렬이 계속되고 있다고 한다.
그렇게까지 해서 얻는 가치가 뭔지 나는 여전히 궁금하다.
하긴, 생각해보면 내가 대학생일 때 만 원에 심야 영화 세 편을
연달아 보면서 밤을 새우는 것이 유행이었다.
지금이라면 돈을 주고 시켜도 하지 않을 것 같지만.
어쩌면 그저 그 경험 자체가 소중한 시기가 있는지도 모르겠다.

#code4

가치가 없으면
같이하지 않는다

스티브 잡스와 그가 내놓은 제품들을 좋아하기 시작한 것은 광고 일을 시작한 지 얼마 안 된 시점이었다. 광고 회사에는 이미 오래전부터 애플의 아이맥을 사용하는 디자이너가 많았기 때문에 아이폰이 빵 뜨기 전부터 애플의 세련되고 아름다운 제품들을 경험할 수 있었다. 애플의 제품을 볼 때마다 다른 컴퓨터들과는 완전히 다른 디자인과 유저 인터페이스는 누가, 어떻게, 무엇으로 만드는 것일까 궁금했다. 그래서 애플의 창업자인 잡스에 대해 공부했다. 잡스는 그의 오래된 파트너 광고회사 TBWA/Media lab이 만든 "Think different" 캠페인에 자신의 철학을 담았다고 했다. 캠페인은 남다른 것들을 갈망하는 사람들을 위해 남다른 생각을 하는 사람들이 남다른 제품을 만든다는 내용이었다. 이러한 정신이 지금의 애플을 만든 것은 아닐까? 철학이 있고 없고가 브랜드에 가치를 더해준다고 잡스는 믿었다. 물론 어떻게 철학만으로 가치가 생기는지, 저런 위대한 제품들을 만들 수 있는지 의심도 했다. 그런데 "고객을 돕자"라는 철학만으로 사업을 시작했던 무인양품도 지금과 같은 브랜드로 자리매김한 것을 보면 정말 요즘 시대에는 철학의 유무가 위대한 브랜드를 만드는 중요한 요인인 듯도 하다.

#code4

뻔하지만 뻔하지 않은 브랜드 철학

스타트업에 종사하는 사람이라면 대부분 가장 존경하는 사람으로 스티브 잡스를 꼽는다. 그는 세계에서 가장 강력한 회사를 만들었고 그가 이룬 수많은 업적은 누구도 따라잡기 힘든 것이니 말이다. 그런데 정작 사람들이 잡스를 존경하는 이유는 그의 성공이 아니라 철학 때문이다. 삼성의 제품이 기술 면에서는 애플에 뒤지지 않지만 결국 애플을 이기지 못하는 이유도 애플이 가진 철학과 감성이 삼성에는 없기 때문이었다. X세대는 결과를 보지만 밀레니얼 세대는 과정을 본다. 그 결과를 만들어낸 요인에 더 가치를 두기 때문이다.

스티브 잡스의 철학이 도대체 뭐기에? 밀레니얼들이 그리도 열광하는 애플의 가치가 뭐냔 말이다. 이를 알아보기 위해 그의 연설 중 일부를 옮긴다.

"내가 볼 때 마케팅에서 중요한 것은 가치입니다. 지금 우리는 아주 복잡한 세상에 살고 있습니다. 아주 요란한 세상에 살고 있죠.

그래서 사람들이 우리에 대해 많은 것을 기억하게 만들기가 무척 어렵습니다. 어느 회사나 그렇습니다. 그렇기 때문에 우리가 사람들에게 알리고 싶은 게 무엇인지가 명확해야 합니다. 우리는 업무 처리용 기계나 만드는 회사가 아닙니다. 우리가 그쪽으로 일가견이 있긴 하지만요. 애플이 하는 일은 그런 차원을 초월하는 거예요. 애플의 본질, 애플의 핵심 가치는 열정이 있는 사람이 세상을 더 좋은 곳으로 바꿀 수 있다는 믿음입니다. 이것이 우리의 신념입니다. 예, 우리는 사람들이 세상을 더 좋은 곳으로 바꿀 수 있다고 믿습니다. 자신이 세상을 바꿀 수 있다고 생각할 만큼 정신이 나간 사람들이 실제로 세상을 바꾼다고 믿습니다. 본질과 핵심 가치는 절대로 변하면 안됩니다. 애플은 어제 핵심 가치로 믿었던 것을 오늘도 추구합니다."[5]

이런 애플의 정신에 매료된 밀레니얼 세대들에게 제품이 얼마나 더 좋은지 그리고 얼마나 더 경제적인지를 내세우는 것은 좋은 전략이 아니다. 이미 그들은 제품의 성능과 편익을 가치가 이기는 장면을 목격했고 그게 더 힘 있는 성공 공식임을 배운 세대이기 때문이다.

철학이 이끄는 회사

우연히 무인양품 회장 카나이 마사아키의 인터뷰를 봤다. 여느 인터뷰처럼 무인양품의 디자인은 어떻게 이끌어왔는지, 무인양품의 지향점은 뭔지 같은 뻔한 질문과 답변이 이어졌다. 그런데 인터뷰 마지막 대목에서 눈이 번쩍 뜨였다. 지금의 무인양품이 있게 한 결정적 요인은 뭐냐는 질문이었다. 마사아키 회장의 답변은 이랬다.

"인간을 돕는 것."

인터뷰어는 다시 물었다. 그런 거 말고, 손에 잡히는 구체적인 뭔가를 내놓으라고 채근하는 질문이었다. 그런데도 마사아키 회장의 답변은 한결같았다.

"진짜 그게 다라니까? 인간을 돕는다. 예전에도 그랬고 지금도 그렇고 앞으로도 그럴 것이다. 이것 하나가 무인양품을 만들어냈다."[6]

회장의 경영 철학은 그렇다 치자. 하지만 무인양품이 '디자인이 만들어낸 제품'이라는 칭송을 받게 만든 무인양품 아트디렉터 하라켄야, 그에게 같은 질문을 던져도 아마 돌아오는 답은 비슷할 것이다.

하라켄야는 초창기 무인양품의 디자인을 시작할 때 이렇게 생각했다고 한다. '이것이 가장 좋다' '이것을 꼭 사야 한다'가 아니라 '이것으로 충분하다'고. 그는 무인양품의 디자인을 입은 모든 제품은 '이 정도면 충분하다'는 틀에서 나온다고 말한다.

어떻게 이런 큰 성공을 거둘 수 있었는지 궁금해죽겠는데, 경영자고 아트디렉터고 '철학 외에는 아무것도 없었다'고 앞다퉈 말하니 신기할 따름이다. 어찌 보면 이 철학은 자본주의의 가장 날것의 욕망과는 배치되어 보인다. 자본주의에서는 이기적으로 더 많이 가질수록 승자가 되는 것 아닌가? 인간을 돕는다는 이타심, 이것으로 충분하다는 미니멀리즘은 자본주의와 어울리지 않는다.

하지만 바로 그 어울리지 않는 철학이 만들어낸 새로운 가치가 무인양품의 제품에 영혼을 불어넣었다. 그리고 소비자들은 그것을 알아보았다. 그래서일까? 미니멀리즘은 요 몇 년 사이 소비 트렌드로 자리 잡기도 했다.

원래 나는 아구찜을 별로 좋아하지 않았다. 매운 데다 뜨거워서 맛을 음미하기도 전에 삼키기 바빴다. 그런데 어느 날 임신한 아내가 아구찜이 먹고 싶다기에 시켰더니 아내는 아구찜이 오기도 전에 밥솥에 있던 밥을 퍼서 식혀놓는 게 아닌가. 그러면서 본인의 '아구찜 철학'을 설파했다.

"아구찜은 찬밥이랑 먹어야 제맛이야. 아구찜은 식혀서 먹어야 쫄깃함과 부드러움을 제대로 느낄 수 있거든. 그러기 위해서는 이렇게 밥이 차가워야 하지."

반신반의하며 찬밥과 아구찜을 먹어봤더니 웬일, 그동안 알지 못했던 아구찜의 신세계가 열렸다.

무인양품의 철학을 얘기하다 말고 갑자기 왜 아구찜 타령이냐고? 제대로 된 철학이 있으면 싫어했던 아구찜 맛도 달라진다. 극혐에서 극호로 바뀐다. 아구찜 하나를 먹는 것도 이런데 수억에서 수십억, 수백억이 들어간 제품은 말해서 뭘 하겠는가? 아무리 잘 만든 제품이라도 자신만의 철학이 없으면 영혼 없는 무생물에 불과하다. 그런 제품으로 오래오래 고객의 곁에서 사랑받는 브랜드가 되는 것은 거의 불가능하다.

사람에게 집중하는 공간

5년 전 LA에 한 광고를 촬영하러 갔을 당시 현지 코디네이터가 요즘 미국에서 핫한 카페가 있다며 소개해준 적이 있다. 카페가 다 거기서 거기지 하고 구시렁대며 따라갔는데, 놀랄 만큼 깔끔한 인테리어가 시선을 사로잡았다. 커피가 무진장 늦게 나왔던 것으로 기억한다. 당시만 해도 에스프레소 기계로 내리는 커피를 판매하는 게 대세였으나 그 카페만은 드립 커피를 팔았다. '저래서 회전이 되겠어?' 커피 맛은 특별했지만 나로서는 이해할 수 없는 영업 방

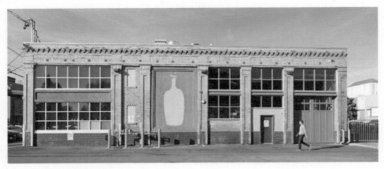
블루보틀의 상징인 하늘색 로고

식에 시큰둥했다. 이 카페가 바로 국내 1호점을 오픈하자마자 많은
사람들이 새벽부터 줄을 섰다는 커피 맛집 '블루보틀'이다.

블루보틀의 창업자 제임스 프리먼은 2000년에만 해도 커피를
좋아하는 클라리넷 연주자였다. 그는 커피를 너무 좋아한 나머지
교향악단을 그만두고 자신이 만든 커피를 사람들에게 나눠주기 위
해 블루보틀을 창업했다. 처음부터 대단한 규모의 카페는 아니었
다. 60만 원 정도면 구할 수 있는 작은 창고에서 커피콩을 볶고 주
말엔 커피 수레에 커피를 실어 팔던 커피 소상인이었을 뿐이었다.
당시는 스타벅스가 엄청나게 성장하던 시절이었다. 게다가 프
리먼의 커피는 한 잔 마시려면 15분씩이나 기다려야 했기 때문에
많은 사람이 그의 행보를 못 미더운 시선으로 바라보았다. 그러나

사람들의 걱정과는 달리 그의 커피는 점점 유명해지기 시작했다. 비록 허름한 가게였지만 그의 커피를 맛보기 위해 실리콘밸리의 사람들이 줄을 서기 시작했다. 커피 수레에서 커피를 팔던 블루보틀은 창업한 지 5년 만에 1호점을 내게 된다. 이 카페 역시 허름하긴 마찬가지였지만 사람들은 진짜 커피 맛을 느끼기 위해 블루보틀을 찾았다고 한다.

상상해보시라. 시간에 쫓기는 오피스타운이 아니라 여유 넘치는 도시의 장터 한편에서 수레를 앞에 둔 한 남자가 커피를 팔고 있다. 48시간 이내에 로스팅한 스페셜티 원두를 주문 즉시 갈아서 정성껏 내려주는 바리스타가 커피에 대한 해박한 지식을 바탕으로 다양한 이야기를 들려준다. 커피 마니아인 손님이라면 그와의 대화가 무척 즐거웠을 것이다. 그렇게 10여 분이 지나고 받아 든 한 잔의 커피가 정말 맛있었다면? 그 경험은 고객에게 잊을 수 없는 순간으로 기억된다. 색다른 경험에는 사람을 매료하는 힘이 있기 때문이다. 시간이 오래 걸리더라도 제대로 된 음식을 경험하고자 하는 문화가 퍼져나가던 시점에, 블루보틀은 이렇게 트렌드의 중심에 설 수 있었다.

원래 잘나가는 브랜드에는 여러 가지 성공 요인이 따라붙기 마련이다. 하지만 블루보틀이 지금의 성공을 이룬 기저에는 창업자의 철학이 일찌감치 자리 잡고 있었다. "와이파이는 주의를 분산시킨다. 고객들이 커피 그리고 함께하는 사람에게 집중할 수 있도록 뭘 더하기보다 뭘 뺄 수 있을지 늘 고민한다."[7]

세계적인 강연가 사이먼 시넥은 말했다. 디지털 시대 이전의 소비자가 'What - 어떤 제품인지'를 보고 구매를 결정했다면 요즘은 'Why - 이 제품은 왜 만들어졌는지'를 보고 구매한다고. 이는 요즘 소비자들이 제품 그 자체를 소비하는 것이 아니라 제품에 담긴 철학을 소비한다는 뜻이다. 가령 아이폰을 제품 그 자체로만 본다면 갤럭시보다 월등히 우수하다고 단정할 수 없다. 하지만 사람들은 애플이 이야기하는 "Think Different"라는 철학, 남들과 다른 생각을 하는 사람들을 위한 제품이라는 그 가치에 매료되어 더 높은 가격임에도 불구하고 아이폰을 지속적으로 구매하는 것이다. 커피도 마찬가지다. 소비자들은 블루보틀이 가진 정서에 가치를 두고 소비하고 있다.

더 나은 성능이 주는 편익보다 남다른 철학을 가진 브랜드에 매력을 느끼는 세대가 바로 밀레니얼 세대다. 따라서 브랜드가 자신만의 고유 가치를 만들기 위해 노력하지 않는다면 결코 경쟁에서 살아남을 수 없다. 밀레니얼에게는 더 이상 매력도 필요도 없는 브랜드일 테니까.

밀레니얼이 철학을 소비하는 세대라고 강조하긴 했지만
아무리 좋은 철학을 바탕으로 했어도
제품의 질이 보장되지 않는다면 역시 살아남을 수 없다.
최근 출시된 아이폰 11은 밤하늘의 별도 찍을 수 있다고 한다.
남다른 철학과 남다른 기술력이 만났을 때
진짜 시너지가 발휘된다.
그럼 철학과 기술 중에 뭐가 더 중요하냐고?
수년 전 모토로라 핸드폰 광고에서
데이비드 베컴이 한 말을 패러디해 대답해보겠다.
"철학? 기술? 나는 둘 다."

#code5

**타깃은 좁게
공감은 깊게**

사람들이 많이들 물어본다. 왜 광고를 하게 됐느냐고. 내가 광고를 시작했을 때만 해도 광고는 각광받는 직종이었다. TV 광고 하나 잘 만들면 기사도 쏟아지고 관심도 많이 받던 시절이었으니까. 친구들을 만나 "야 그 광고 네가 한 거라며?"라는 말을 들으면 나도 모르게 어깨가 으쓱했다. 부모님도 우리 회사 이름은 모르시더라도 TV에 연신 나오는 내가 만든 광고를 친구분들께 보여드리며 "그 광고 우리 아들이 만든 거여."라고 자랑하기 딱 좋았다. 광고라는 게 말 그대로 넓게 알린다는 뜻이니 이전 세대의 마케팅 중 가장 효과적인 방법은 TV 광고였다. TV 광고 하나만 잘 만들어도 마케팅이 저절로 되던 시절이었다.

그런데 요즘엔 TV를 도통 안 보니 TV 광고에 나왔다 해도 많이들 모르기 일쑤다. 오히려 유튜브에서 본 특이한 광고에 더 많은 관심을 갖는다. TV라는 미디어가 갖고 있던 권위가 이제는 예전만 못한 듯싶다. 시대가 이렇게 변했으니 TV 광고 만들 때처럼 마케팅해서는 안 된다. 새로운 디지털 미디어의 특성에 맞게 대응해야 한다. 바로 이 지점에서 예전 세대 광고쟁이인 나는 큰 어려움을 겪었다. 결국, 마케팅의 기본인 타깃을 어떻게 설정할 것인가부터 다시 고민하기 시작했다.

좁혀야 산다

한때 TV 광고 타깃은 '20~50대 여성' 같은 식으로 최대한 넓게 잡았다. TV 광고라는 게 어차피 타깃을 명확히 설정하기 힘든 매체이니 기왕 돈 뿌리는 거 모든 사람을 겨냥해 만들자는 거였다. 그러다 보니 세대를 두루 아우르는 보편적인 제품만 좋은 성과를 얻었다.

광고를 제안할 때 20대들이 주로 쓰는 제품이니 그들이 좋아할 이야기를 담아야 한다고 광고 콘티를 보여주면 광고주들은 한결같이 이렇게 말했다. "거 굳이 타깃을 좁게 겨냥할 필요가 있을까요?"

"그래도 20대들만을 위한 제품인데 그들에게 딱 맞는 광고를 해야 움직일 것입니다."라고 반박하면 여지없이 그럴 필요가 없어 보인다는 말만 앵무새처럼 되돌아왔다. 당시 광고주들은 좀 더 많은 타깃층에 어필해서 좀 더 많은 구매를 일으키는 게 광고라고 생각한 것이다.

미디어가 TV밖에 없던 시절이었기에 가능한 일이었다. 하지만 지금은 사정이 다르다. 세계에서 가장 영향력 있는 마케팅 구루 세스 고딘의 인터뷰를 살펴보자.

'이제 소비자들은 거의 모든 시장에서 무한한 선택지와 끝없는 대안을 손에 쥐었다. 이런 상태에서 이전처럼 일방적이고 주입식으로 '이 제품을 사라'고 강요하면 어떤 결과가 나타날까. 세상에 시끄러운 소리가 많아지면 사람들은 귀를 막는다. 광고도 마찬가지다. 아무것도 사지 않고 등을 돌리게 된다. 무의미한 광고를 피하기 위해 유튜브에서 광고를 없애주는 프리미엄 서비스를 신청하는 사람이 갈수록 늘고 있지 않나.'[8]

모바일 시대가 열리면서 명확한 타기팅이 가능해졌고 소비자들과의 활발한 소통이 시작됐다. 제품을 원하는 타깃들만 광고를 볼 수 있게 됐고 그 반응과 결과를 즉각적으로 확인할 수 있게 해주는 미디어도 생겼다. 그러다 보니 많은 브랜드가 과거 TV 광고에 의존하던 마케팅 방식을 바꿔 디지털 미디어로 옮겨가기 시작했다. 자신들의 제품을 원하는 사람들에게만 집중적으로 광고할 수 있는 시대가 된 것이다.

서브 타깃을 겨냥하라

내가 조그마한 디지털 광고회사를 운영한 지도 벌써 1년이 넘었다. 이 책의 전작인 『결국, 컨셉』이란 책을 출간한 후 생각보다 많은 강연을 하게 됐고, 덕분에 회사 운영의 어려움으로 인한 불안감이 어느 정도 해소되던 즈음이었다.

여느 때처럼 강연을 마치고 나서 참석하신 분들과 이런저런 이야기를 나누던 중 강연을 주선해주신 분이 캐논의 광고주를 소개해주셨다. 인사와 명함을 나누고 난 뒤 회사를 차린 지 얼마 안 된 마음 급한 사장은 그다음 날 광고주에게 불쑥 이메일을 띄웠다. '작지만 강한 회사입니다. 공정한 기회를 주시면 저희가 발휘할 수 있는 최고의 재능을 보여드리겠습니다.'

광고주분을 메일로 꾸준히 괴롭힌 게 효과가 있었는지 우리 회사에도 경쟁 PT 제안이 왔고, 나는 흔쾌히 참여해보겠노라는 호기를 보였다.

대기업 광고회사를 다닐 때도 안 해본 500쪽짜리 광고 기획서를 제출할 만큼 열과 성을 다해 준비했다. 그런 열정에 감동했는지 디지털 광고의 본좌라는 애드쿠X를 비롯해 일본계 대형 광고회사들을 이기고 캐논 광고를 수주하게 됐다.

중요한 건 여기까지의 우여곡절 스토리가 아니라 광고 내용이다. 사실 PT를 하다 보면 오랜 경험에 의해 '아 광고주가 좋아하겠구나' 하고 느낌이 오는 광고가 있다. 그래서 우리 회사가 최종 선정되었다는 소식을 듣고는 생각했다. '메인 타깃이 20대 여성이니까 그들이 공감할 수 있는 광고인 A안이 PT에서 팔렸을 거야.' 그 광고를 어떻게 만들지 혼자 이런저런 그림을 그리며 광고주와의 미팅 날짜를 기다렸다. 마침내 PT에서 우리를 승리로 이끈 광고가 무엇인지 알게 된 그날의 미팅을 나는 잊을 수가 없다. 예상했던 A안이 아니라 전혀 엉뚱한 시안이 광고로 만들어지게 됐기 때문이다.

"20대 여성 타깃으로 저희가 해볼 만한 마케팅은 다 해봤습니다. 무슨 짓을 해도 마켓 셰어가 늘어나지 않는 타깃이지요. 대신 이번 브라이언에잇의 광고 시안 중에서 키즈맘(아이를 둔 어머니를 일컫는)을 겨냥한 시안을 광고로 제작해보려고 해요. 아이들에게 스마트폰이 아니라 카메라로 좀 더 넓은 세상을 보게 만들어줬으면 합니다. 그런 아이디어를 제공해주신 브라이언에잇이 이번 PT에서 이길 수 있었던 이유이기도 하고요. 카메라와는 거리가 있던 타깃들을 새롭게 겨냥하려고 합니다."

키즈맘이 서브 타깃이긴 했지만 광고 시안을 만들면서도 내심 '너무 좁은 타깃층 아닐까? 이래서 몇 대나 팔겠다고' 하는 생각이 있었다. 그동안 광고주들에게 타깃이 좁아 보이는 광고(혹은 마케팅)

키즈맘을 타깃으로 제작한 캐논 광고 컷

는 안 된다는 말을 그렇게 많이 들었으면서도 혹시나 하고 가져갔
던 시안이 덜컥 선정된 것이다. 아마 예전 같으면 광고주들이 절대
로 선택하지 않았을 광고가 이제는 오히려 광고주들 손에 의해 적
극적으로 선택됐다. 우리가 제안한 다른 시안들은 너무 뻔하고 밋
밋한 광고라는 평을 들었을 정도였다. 뜻밖의 결과에 당황했지만
그날 광고주가 전해준 피드백은 지금도 종종 머릿속을 맴돈다.

"우리 타깃을 위한 감성이 잘 녹아 있는 광고였어요."

내 마음 같은 카피 한 줄

'아로나민 골드'는 예전에 나 같은 어른들이나 먹는 영양제였다.
그런데 어느 순간부터 젊은 친구들도 찾는 제품이 됐다니 뜻밖이
다. 잘나가는 빅 모델을 쓰거나 엄청난 광고비를 투입하지도 않았
는데 어떻게 국민 영양제로 변신할 수 있었을까?

우선 광고 전략을 바꾼 게 주효했다. 이후 가파른 성장세를 보이
기 시작했으니 말이다. 바로 이 멘트다.

"경험해보세요. 드신 날과 안 드신 날의 차이."

제품의 성분이 바뀐 것도 아니고 그렇다고 제품이 더 좋아진 것도 아니다. 따라서 이전 제품과 다른 신제품을 선보이며 차이를 드러내지도 않았다. 일방적으로 제품의 장점만을 전달하려고 하기보다 고객에게 직접 "경험"해보라고, 그 후에 직접 판단하시라고 주도권을 넘겨준 것뿐이다. '우리가 아무리 좋다고 해봐야 고객들이 믿고 경험해보지 않으면 아무 소용 없다'는 자성의 목소리가 반영된 광고 카피는 아니었을까 추측해본다. 어쩌면 경험만 해본다면 고객이 먼저 좋은 제품임을 알아볼 것이라는 자신감이 담긴 카피일 수도 있겠다. 어쨌든 고객들은 이 메시지에 반응하기 시작했고 아로나민 골드는 여기에 결정적인 날개를 달아줄 메시지를 또 한 번 선보인다.

"재미가 없는 게 아니라 피로한 거예요."

누구나 한 번쯤 축 처지고 무기력했던 어느 날, '사는 게 뭐 이렇게 재미없냐'란 말을 내뱉어본 적 있을 것이다. 나이가 적든 많든 그랬던 사람들이 이 카피를 듣는다면 어떨까? 정말 인생이 재미가 없는 게 아니라 내가 피로한 건가 생각해보지 않을까? 가볍지만 정말 많은 사람들의 마음을 건드린 카피였다. 브랜드가 공략할 주요 타깃인 50대 이후 연령층에 딱 꽂히는 공감 메시지를 던졌는데,

아로나민 골드 광고

알고 보니 같은 증상을 겪고 있던 젊은 세대의 마음에까지 꽂힌 것
이다.

밀레니얼 세대가 자신에게 공감해주는 브랜드에 마음을 열고
그 제품을 소비한다는 건 이미 앞에서 언급한 바 있다. 이렇게 공
감을 끌어내면 고객들은 지갑을 연다.

1번 핀부터 쓰러뜨려라

우리는 보통 마케팅을 할 때 타깃을 좁히는 것을 극도로 두려워
한다. 특히 나 같은 이전 세대 마케터들이라면 더욱더 그렇다. 매스

마케팅이 전부였던 세대에게 타깃을 좁힌다는 건 결국엔 돈을 적게 벌게 되는 말과 다름없다. 그러나 요즘 시대에 그런 식의 마케팅을 하면 브랜드 또는 그 회사를 죽일 수도 있다. 우리가 공략하려는 타깃이 누구인지 정확하게 규정하고 나서 그들만을 위한 공감 메시지를 찾아야 한다. 그래야 타깃층을 공략할 수 있는 것은 기본이고 그 메시지가 얼마나 날카로운지에 따라 그 외의 타깃층까지 덤으로 얻게 되는 것이다. 처음부터 많이 얻으려고 욕심부리지 말고 타깃에 맞는 새로운 메시지를 만드는 게 먼저다.

그런 의미에서 세스 고딘의 인터뷰를 다시 한 번 인용한다.

"결혼을 예로 들어보자. 결혼하는 첫 번째 방법은 겉보기에 깔끔한 옷을 차려입고 싱글들이 즐겨 찾는 호텔 바나 클럽에 가서 거기서 만나는 모든 사람들에게 프러포즈를 하는 것이다. 단박에 상대방이 결혼하자고 할 때까지 시도해야 한다. 두 번째 방법은 내가 속한 집단이나 모임에서 만난 마음에 드는 사람과 데이트를 잡고, 또 한 번 더 만나면서 인연을 이어가는 것이다. 한 세 번쯤 만나다 보면 서로 취향을 알게 될 테고 열 번째 데이트에서는 상대방에게 원하는 것을 이야기하게 될 것이다. 스무 번쯤 보면 결혼을 꿈꿀지도 모른다. 보통 이 두 방법 중에 하나를 고르라 하면 대부분 두 번째를 고른다. 그런데 기업들은 마케팅 부문에서 첫 번째 방법을 아

무렇지 않게 시도하고 있다.[9]

타깃이 더 좁고 더 정밀할수록 더 많은 효과를 얻을 수 있는 게 요즘 마케팅이다. 마치 볼링의 1번 핀을 쓰러뜨리지 못하면 다른 모든 핀을 쓰러트릴 수 없는 것처럼 핵심 타깃을 찾아내고 그 타깃의 공감을 불러일으키는 마케팅을 한다면 분명 그 주변을 둘러싼 더 많은 타깃까지 얻어낼 수 있을 것이다. 이런 전략이야말로 요즘 애들에게 통하는 마케팅이다.

매스 마케팅이라는 말은 이제 의미가 없어졌다.
한때 광고의 재미라고 하면 광고 하나로 대중을 움직이고
구매를 일으키고 유행을 선도할 수 있다는 점을 꼽았다.
하지만 이제는 광고 하나에 그런 힘이 남아 있나 의심스럽다.
예전에는 유행을 만들었는데
요즘에는 유행을 뒤쫓기도 바쁘니 말이다.
그래도 아직 어떤 카피는 그 어떤 노랫말이나 드라마 대사보다
빠르고 강하게 사람들의 마음에 새겨지고
어떤 광고는 세상이 지향해야 할 더 나은 가치를 보여준다.
광고가 유행을 뒤쫓는 건 어쩌면 내가 밀레니얼 세대를 공부하듯
도무지 알 수 없는 사람들의 마음을 잡기 위한 몸부림일지 모른다.
그렇게 몸부림치다 보면 언젠가는 다시 대중을 움직일
빛나는 광고가 나오지 않을까 기대해본다.

#code6

한정판은
돈이 된다

퀴즈 하나. 우리 집에 있는 27개월짜리 아들이 가장 많이 하는 말은? "엄마, 아빠"? 아니, 정답은 "내 거야"다. 정말로 이 말을 달고 산다. 자기가 갖고 싶은 것을 보면 사달라는 의미로 내 거라고 지명하고, 이미 가지고 있을 때는 뺏기지 않으려고 내 거라고 외친다. 이런 욕구는 어린아이에게만 있는 건 아니다. 사람이라면 누구나 원하는 것을 쟁취하고자 하는 강한 욕구가 있다. 그래서 내가 좋아하고 내가 갖고 싶은 것에 집착하는 건 때로는 너무 당연한 일이기도 하다. 요즘 애들을 보면 더욱 그렇다. 원하는 것은 자신만의 방법으로 쟁취하며 그 과정을 얼마든지 즐긴다. 아마도 그 이면에는 희소성 있는 것들에 대한 욕구가 바탕이 되어 있을 것이다. 히트 치는 상품일수록 '한정판'이라는 타이틀이 항상 따라다닌다. 어떤 인기 있는 식당은 오후 5시에도 "재료 소진"이라는 안내 문구를 붙이고 고객들을 애타게 만든다. 내가 원하는 제품, 음식, 경험 그 무엇이라도 희소한 가치가 더해진다면 요즘 애들은 더욱 열광할 것이다.

#code6

나나랜드에선 한정판이 프리미엄

1970년대 작가 톰 울프가 베이비부머가 등장했을 때 썼던 'me-generation'이란 표현이 40년이 지난 지금 다시 출현한 자기중심적 세대, 밀레니얼을 지칭하는 말로 부활했다. 한 트렌드 전망서에서는 이들이 "나나랜드"에 산다고 말하기도 했다. 이야기인즉슨 개인보다 조직이 우선돼왔던 윗세대에 비해 밀레니얼 세대들은 '나'를 모든 기준의 중심에 둔다는 것이다. 각자의 개성을 죽이고 조직과

진정한 '나다움'을 발견해나가는 컨셉의 기획 전시 포스터

무리의 개성이 나를 대변해왔던 이전 세대로서는 전혀 공감이 안
되는 포인트다.

　나와 같은 세대는 나만의 개성을 상징하고 표현해줄 수 있는 희
소성 있는 브랜드나 제품이 뭔지 알 방법이 없었다. 정보가 충분치
않았다. 그러다 보니 가장 비싼 게 가장 희소하다는 인식이 있었고,
자연스럽게 명품에 열광하게 된 것 같다. 하지만 모바일 시대가 열
린 후 많은 브랜드가 제품을 한정판으로 출시해 희소성을 높이면
서도 이를 SNS에 노출해 충분히 다양한 마케팅을 할 수 있게 됐다.
굳이 이전처럼 많은 광고 비용을 들이지 않고도 제품 홍보를 어렵
지 않게 할 수 있다. 밀레니얼 세대가 지닌 자기중심적 소비 행태
가 모바일의 적극적인 지원을 받아 희소성이 높은 제품, 즉 한정판
에 열광하는 시장이 열린 셈이다.

치열해진 '소장' 경쟁

　내 돈 주고 사는 신발도 선착순으로만 살 수 있단다. 이 얘기를
듣고 꽤나 당황했다. 그것도 가장 대중적이어서 가장 좋아했던 나
이키가 말이다. 나이키가 왜? 도대체 나 같은 세대는 이해를 할 수
가 없었다.

처음에는 이런 행보 때문에 나이키의 실적이 나빠지는 거라고 생각했는데, 최근 기사를 보니 나이키는 근 몇 년간의 고전을 딛고 다시 턴어라운드를 이뤄냈다고 한다. 결정적 요인은 협업, 낯선 것들과의 협업에 있었다. 그중에서도 선봉장은 바로 오프화이트와의 만남이었단다. 오프화이트가 뭔지 찾아보니 요상한 케이블 타이가 그대로 있는 브랜드란다. 내 눈에는 서태지와 아이들이 모자에 태그를 안 떼고 나온 것과 별반 차이가 없어 보이는데, 이 제품이 다른 나이키 신발보다 2~3배나 비싸게 팔린다고 한다. 버질 아볼로라는 디자이너가 디자인했다는 이 신발을 사기 위해 사람들은 나이키 홈페이지에서 번호표를 받으려고 안달이란다. 왜? 나이키가 이 제품을 한정판으로 내놓기 때문이다. 그러다 보니 이 제품을 '소장'하려는 경쟁은 더 치열할 수밖에 없다.

나이키 한정판 인기 제품

나이키는 이런 한정판 전략을 지속적으로 구사하고 있다. 최근 국내 출시된 지드래곤의 피스마이너스원×에어포스 원의 경우 나이키 공식 홈페이지에서 단 2시간만 구매 응모를 받았다. 장외에선 이 신발이 5,000만 원에까지 판매된다고 하니 이종 간의 결합을 이룬 한정판에 대한 밀레니얼의 애착은 과히 상상을 넘어선다.

"공급은 한정돼 있고 수요는 많으니 나이키의 응모 방식은 어쩌면 당연한 것"이라고 소비자들은 생각한다. "선착순이 아니라 추첨 형식이어서 공정하다고 생각한다"고 요즘 애들은 말한다.[10]

돈만 있으면 살 수 있는 사치품을 좇기보다는 희소성이라는 가치를 추구하는 게 요즘 애들이다. 뛰어난 기능, 경제적 효용에 대한 추구보다 소비를 통해 자기 자신의 정체성을 나타내려는 경향이 짙은 세대라는 거다.

대량 판매되는 제품을 사는 데 익숙한 내 세대는 여전히 이해가 안 가지만, 밀레니얼들은 소수에게만 허용된 무언가를 '내'가 갖기를 더 강하게 원하고 있다는 의미일 것이다. 나이키는 그 욕구를 영리하게 잘 이용하고 있는 것이고.

고양이 그림이 그려진 담배를 찾아라

2003년 BBDO라는 광고회사를 다닐 때, KT&G 광고주를 담당하고 있었다. 그 당시에는 지금과 달리 담배 브랜드들이 TV 광고는 못해도 잡지 광고는 할 수 있었던 시절이었다. 돈은 많은데 광고할 수 있는 미디어는 워낙에 적었던 터라 담당 AE에게 광고주가 늘 요구한 것이 광고 이외의 마케팅 방법이었다.

내가 2년 차 광고기획자여서 그랬는지 몰라도 KT&G 브랜드 중 가장 젊은 타깃을 겨냥한 브랜드였던 '레종'을 맡게 되었다. 레종도 예외는 아니어서, 광고 말고 다른 방법으로 젊은이들이 가장 많이 소비하는 브랜드로 만들어달라는 요청을 광고주가 해왔다. 그때 나이 스물아홉, 혈기가 왕성했고 무서운 게 없던 나는 광고주에게 윗사람의 승인도 없이 단독으로 아이디어를 제시했다. 19+1이라고 담배 한 갑에 20개비의 담배가 들어 있는데, 그중 한 개비의 담배에 레종의 심볼인 고양이 그림과 사랑에 대한 멘트를 넣은 한정판 담배를 출시해보자는 아이디어였다. 젊은이들은 그렇게 희소한 것들을 좋아한다고, 남에게는 없는 나만 가질 수 있는 그런 것들을 좋아한다고 주장했다.

내 제안을 활용해 담배 20보루 중 한 보루에만 고양이 그림을 넣는 한정판이 출시됐다. 이 그림 있는 담배를 뽑는 게 당시 젊은

이들 사이엔 대히트였다. 학창 시절 담배를 피우지 않았던 아내마저도 레종의 심볼이 그려진 담배를 갖고 싶어서 담배를 줄창 샀다고 한다. 그렇게 레종은 젊은이들의 감성을 아는 브랜드로 자리 잡을 수 있었다.

사실 자기 통념에 기초한 소비 행태를 보이는 것은 밀레니얼 세대나 Z세대의 전유물은 아니다. 생각해보면 어릴 적 특이한 딱지를 모으겠다고 애쓰던 게 생각나기도 하고, 요즘 어르신들조차 송가인 콘서트 티켓을 드린다고 하면 뛸 듯이 기뻐하시는 것도 남들은 갖지 못하는 나만의 권리처럼 느껴져서는 아닐까? 다만 희소성에 대한 희구가 그들 이전 세대보다 좀 더 강해졌다는 것과 그걸 소비라는 형태로 표출하고 있다는 점이 조금 다른 면 아닐까? 또한 지금의 세대는 무조건 비싼 것이 희소하다고 생각하지 않는다. 특별한 기준은 없다. 그저 그들 마음에 달려 있다고 봐도 무방하다.

지구에 현존하는 세대 중 가장 자기중심적이라는 밀레니얼 세대. 이들에게 가장 중요한 것은 자기만족이고 자기결정이다. 그래서 그들은 자신들이 꽂힌 제품이라면 반드시 누리고 가지고 싶어 한다. 이들의 마음을 사로잡는 일만큼 어려운 게 어디 있을까? 그들에게 외면받지 않으려면 1등 브랜드라도 자존심과 체면을 내려놓아야 한다. 그들이 가장 원하는 것을 만들어내려는 노력은 어떤 브랜드도 피해 갈 수 없다.

한정판에 대한 밀레니얼들의 애착에 대한 글을 쓰려니
아재로서 (그들의 마음을 어떻게든 이해하려 해보지만)
여전히 심정적으로 공감이 되지는 않는다.
'그게 뭐라고 저렇게들 열심이지?
저거 가진 거, 그거 했다는 거 누가 알아준다고?'
하는 생각이 마음 한편에 남아 있다.
모르긴 몰라도 요즘 애들은 남이 알아주는 것 이전에
남들이 가지지 못한 것을 갖는다는 자기만족이
중요한 가치인가 보다 하고 깨달을 따름이다.
그러면서 동시에
'요즘 애들은 자기만족을 위해 사는데, 여전히 나는
누가 알아주길 바라며 그것 때문에 사는구나'
하는 자기반성도 해본다.

#code7

개싸움은 우리가 할 테니
견뎌주시길

광고기획자였던 내가 윗사람들에게 제일 많이 들었던 말이 있다. "자네 해보기는 해봤어?" 이 말은 선배가 후배에게 일을 시키기 위한 금언 같은 것이었다. 상황이 어떻든 간에 무조건 해보라는 것. 해내라는 것. 인맥을 동원하든, 돈을 얼마를 쓰든, 어떻게든 해내라는 것이다. 그러다 보니 자연스레 반칙이 난무하게 됐고, 소위 힘 있고 '빽' 있는 친구들일수록 훨씬 더 좋은 퍼포먼스를 냈다(좋은 퍼포먼스란 곧 윗사람의 지시 사항을 잘 이행해내는 것을 말한다). 반칙을 잘하고 무슨 수를 써서라도 해내는 사람이 능력 있고 대단한 사람으로 인정받던 시대를 나는 살았다. '공정'이란 키워드를 중시하는 요즘 세대에게는 청산해야 할 적폐 같은 얘기겠지만.

#code7

fair play is best policy

    지금 젊은 세대의 '공정' 감수성은 확실히 그 어느 때보다 높은 것 같다. 다른 부수적인 요인들을 제외하고 오로지 '노력에 의한 결과'가 '실력'으로 평가받기를 원한다.

    지난해 U-20 월드컵에서 준우승을 차지한 국가 대표팀은 그걸 단적으로 보여주는 예다. 지금까지 리더십이란 연륜과 경험에 비례해 인정받았다. 나이가 어리면 실력이 좋아도 '막내'에 불과했다. 훈련 후 뒷정리를 도맡거나 선배들 마실 물을 챙기는 등의 심부름도 해야 했다. 나이가 어리다는 이유만으로. U-20 대표팀에는 그런 꼰대 문화가 없어 보인다는 점이 신선한 충격이다. 나이가 가장 어리지만 가장 실력 있는 이강인이 그 실력만으로 리더 역할을 한다. 동료들은 그의 커리어와 실력을 인정하고 "막내형"이라는 별명으로 그를 존중한다. 그렇게 이 팀은 하나가 되어 오롯이 경기에만 집중할 수 있게 됐다.

    이강인의 처신도 놀랍다. 실질적 리더이지만 그는 자신을 한없이 낮추고 형들을 추어올린다. 단지 나이가 어리다는 핸디캡에서

비롯된 행동인 것 같지만은 않다. 이는 스스로를 낮춤으로써 자신의 리더십을 한층 강화하는 수평적 리더십의 전형이기 때문이다. 나이만으로 서열을 정하지 않고 실력을 우선하지만 동시에 실력의 우열만으로 상대방을 무시하지 않는, 건강한 상호 존중의 선순환이 이 팀에는 자리 잡은 것으로 보인다. 그게 결국 좋은 팀워크, 좋은 팀플레이를 만들며 좋은 결과를 가져오고 있는 것 아닐까. 이강인이 말한 '좋은 팀'이란 바로 이런 의미일 것이다.

밀레니얼 세대는 성장기의 대한민국이 아닌 불황 또는 저성장의 늪에서 어린 시절을 보내야 했다. 우리 세대는 학점이 낮아도 토익 점수가 없어도 '스펙'이 구려도 취업은 그다지 어렵지 않았다. 대기업의 문턱도 그리 높지 않았다. 하지만 요즘 세대에게는 기회의 문이 그 어느 때보다 좁다. 아주 어릴 적부터 온몸으로 치열한 경쟁을 해왔기에 낙하산이나 불공정한 요소들로 기회가 박탈되는 데 상당히 민감하게 반응한다. 공정성을 타고난 세대라기보다 공정해야만 살아남을 기회가 있는 세대인 셈이다. 그래서 원칙을 중요시하는 동시에 보수적이기도 하고 실용적이기도 한, 상반된 얼굴을 보여준다.

한편 밀레니얼들은 우리 세대보다 더 많은 다양성을 보며 자랐다. 애플의 CEO는 동성애자이고, 미국과 독일 등 주요 국가의 리더가 흑인이거나 여성인 것도 보았다. 물론 소수자 차별은 여전히 존재하지만 그렇다고 해서 인종, 성별, 성 정체성에 따른 차별을 허용하거나 이해할 생각이 이들에게는 없다.

이제 대한민국에는 수평적 관계를 지향하는 새로운 세대가 등장했다. 이들이 브랜드를 선택할 때도 공정함을 중요한 기준으로 둔다는 점은 외면할 수 없는 사실이다.

착한 기업을 밀어준다

라면 하면 농심이던 시절이 있었다. 신라면의 아성은 절대 무너지지 않을 것 같았다. 그런데 어느새 오뚜기가 농심을 턱밑까지 추격했다고 한다. 어떻게 가능했을까?

오뚜기가 제품을 개선한 것도 아니다. 혁신적인 시스템을 선보이지도 대박 신제품을 출시하지도 않았다. 오뚜기의 마케팅을 보면 예전과 그다지 달라 보이지 않는다. 오뚜기가 변했다기보다 세상이 오뚜기를 바라보는 관점이 변했다고 할까. 수많은 재벌이 어떻게 상속세를 안 낼까 고민할 때 아낌없이 상속세를 내는 모습, 마트 시식 판매원을 정규직으로 고용하는 모습 등이 밀레니얼들의 마음을 움직인 것이다. 그저 꼼수를 쓰지 않고 법대로 할 일을 한

밀레니얼의 마음을 사로잡은 오뚜기

것뿐인데 그런 기업이 워낙 없다 보니 오뚜기가 바른 기업으로 부
각된 것이다. 착한 기업, 올바른 기업을 요즘 애들은 구매라는 행위
를 통해 확실히 밀어준다.

반대로 가맹점을 상대로 한 갑질과 여직원이 결혼하면 비정규
직으로 강등하고 임신하면 퇴사를 유도했다는 논란이 있었던 남
양유업은 소비자들의 불매운동으로 어느새 매일유업에 자리를 내
주고 업계 3등으로 내려앉았다. 불매운동을 잠시 지나가는 소나기
로 생각했는지 미온적인 모습으로 대처하던 남양유업은 그 대가를
지금도 톡톡히 치르고 있다. 여전히 마트 매대 앞에서 주부나 여성

고객은 제품에 남양유업의 로고가 있는지 없는지 확인하고 있으면 과감히 내려놓는다.

미국에서도 공정성은 시대 이슈다. 나이키는 'JUST DO IT' 캠페인 30주년을 기념하며 새로운 얼굴로 미식축구 선수 콜린 캐퍼닉을 내세웠다. 그는 주가가 한창이던 시기, 인종차별주의에 반대하는 뜻으로 국가가 나올 때 무릎을 꿇는 퍼포먼스를 했고 이로 인해 팀에서 방출된 것은 물론 트럼프 대통령에게 공개적으로 비난을 당하기도 했다.

하지만 밀레니얼들은 나이키와 캐퍼닉의 '저항, 공정함'을 지지했다. 캐퍼닉이 나이키 모델로 발탁됐을 때 트위터에는 많은 트윗이 올라왔는데, 이는 나이키에게 공짜로 약 4,300만 달러의 광고 효과를 가져다줬다고 한다.

세스 고딘은 "마케팅을 보면서 누군가 불편해한다는 건 흠이 아니다. 오히려 아무도 불편해하지 않는다면 당신의 마케팅이 현상을 바꾸는 데 실패했다는 증거"[11]라고 말했다. 나이키는 시대가 원하는 '공정'과 '정의'라는 키워드를 그들의 브랜드에 접목했다. 잠시 논란은 있었지만 큰 문제가 되진 않았다. 곧 밀레니얼들이 소비로 그들을 지지해줬으니까.

이렇게 밀레니얼 세대들은 사회적 책임을 잘 수행하는 기업의 물건을 구매하는 것을 선호한다. 의견 표출을 어려워하던 기성세대와 달리 나의 뜻을 소비로 드러내는 데 주저함이 없다. 착한 척하는 건 통하지 않는다. 진짜 착한 기업이 돼야 한다.

노 재팬 운동

2020년 『대학내일』에서 출간한 트렌드 리포트 내용을 보면 밀레니얼은 세상에 선한 영향력을 끼치는 것에 큰 가치를 두고 있음을 알 수 있다. 이를 증명하듯 공정성이 얼마나 세일즈와 밀접한지를 잘 보여주는 예가 최근의 '노 재팬' 운동이다. 나도 옛날 사람이다 보니 일본의 경제 보복에 대해 아무래도 어느 정도 굽히고 들어가야 하는 게 아닌가 생각했다. 그게 좀 더 실용적인 선택이라고 여겨졌다.

하지만 젊은 층에서 일어난 일본 제품 불매운동을 보면서 사뭇 창피했다. '싸움은 우리가 할 테니 정부는 정공법으로 나가라'는 한 네티즌의 글을 시작으로 불붙기 시작한 노 재팬 운동은 말 그대로 불길처럼 번져나가 유니클로를 비롯한 일본 제품 불매는 물론 일본 여행까지 자제하는 데 이르렀다.

이 와중에 나는 아기 옷을 사겠다고 유니클로에 갔었다. 그때 정말 놀랐던 게 두 가지 있었는데, 하나는 유니클로에 사람이 그렇게 없는 광경을 처음 봤다는 것과 다른 하나는 그나마 한산한 매장을 둘러보는 몇 안 되는 사람들은 전부 40대 이상으로 보이는 어른들이었다는 것이다. 우리 세대에게는 노 재팬 운동이 잠시 지나가는 이벤트에 불과하지만 요즘 애들에게는 그들을 움직이는 기준, 소비할지 말지를 결정하게 만드는 크나큰 선택의 기준이었다.

자신이 실리를 얻지 못하는 희생보다는 공정함으로 얻게 될 가치가 이들에게는 더 중요하다. 이제 대한민국에서 꼼수를 부리는 브랜드 제품은 점점 더 선택받지 못할 것이다. 더 이상 숨을 수도, 가릴 수도 없기 때문이다. 팔리고 싶다면 공정한 룰로 싸워야 한다.

물론 조금 헷갈리는 부분도 없지 않다. 그렇다면 모든 기업가가 공정하고 착한 기업을 만들어야 한다는 걸까? 공정하다는 건 뭐고 착하다는 건 뭘까? 기부나 사회 공헌 활동을 많이 하는 기업이 되면 될까? 무조건 착한 기업이 되라고만 하기엔 착한 기업의 전형이라고 할 만한 탐스가 좀비 기업이 된 안타까운 사례도 분명 존재한다.

결론적으로 기업이든 브랜드든 공정이나 선함의 가치를 존중하며 각자의 상황에 맞게 무언가를 하고 있다는 태도 변화를 소비자에게 보여야 한다. 또한 소비자들과의 소통을 통해 그런 가치를 실천하고 있음을 증명해야 한다. 요즘 애들은 그 태도를 보고 그 기업을 소비한다. 나이키처럼 공정의 아이콘을 광고 모델로 내세우기만 해도 요즘 애들은 '같은 편'이라고 느낀다. 그들이 지지하는 가치를 우리도 지지함을 브랜드의 태도와 관점 전환으로 보여준다면 요즘 애들의 선택을 받을 수 있을 것이다.

공정이란 단어는 어찌 보면 우리 세대에겐 굉장히 낯설다.
취업할 때 장교 우대, 육사 우대 같은 특혜는 그냥 당연하다고 생각했고
은행권이나 공기업 채용 과정에서 남자란 이유로 우대 점수를 받아도
역시 당연한 거라고, 원래 그런 거라고 생각했다.
오히려 그런 혜택을 누리지 못하는 게 바보라고 자책했던 기억도 있다.
언제나 공정보다 결과가 더 중요했던 우리 세대 때문에
밀레니얼 세대에게 공정함의 가치가 더 절실해진 것 같아
전 세대의 일원으로 책임감과 미안함을 느낀다.

#code8

이야기가 담긴 상품은 다르다

2016년쯤이었다. '이노션'이라는 종합 광고대행사에 다니고 있을 적에 아끼던 후배 카피라이터가 카카오톡으로 이직을 한다고 했다.

"광고대행사 카피라이터가 카카오톡에서 무슨 일을 한다는 거야? 너 힘들어서 그러는 거 아니니? 조금만 참으면 크리에이티브 디렉터가 될 수 있는데 왜 거길 가? 거기서 무슨 일을 하는데?"

"카카오톡에 공지사항 같은 거 뜨잖아요? 그걸 그냥 딱딱하게 올리는 게 아니라 재밌고 유쾌하게 바꿔서 올리는 일을 해요. 새로운 서비스 같은 게 나오면 이렇다 저렇다 설명서처럼 올리는 게 아니라 어떻게, 무슨 필요에 의해서 만들게 되었는지를 스토리텔링으로 풀어주는 작업을 하게 될 거예요."

"왜 그런 일을 광고회사 카피라이터가 해?"

이렇게 묻자 후배는 말했다.

"요즘 소비자들은 서비스도 멋진 말로 포장해야 관심을 가지니까요. 카피라이터가 그런 업무를 가장 잘할 수 있다고 생각하는 거 아닐까요?"

그렇다. 이제는 짧은 카피든, 긴 상품 설명이든 소비자들에게 매력적인 말과 문장으로 전달해야 한다. 그 메시지를 소비하는 세대가 출현했으니까.

#code8

소비자와 브랜드를 결합하는 접착제

"부자되세요." "순간의 선택이 10년을 좌우합니다."

한때 광고판에서는 다들 이런 멋진 카피 한마디 쓰는 일이 무슨 훈장이라도 되는 양 일했다. 특히 카피라이터는 광고주의 의도를 담아 오래오래 기억에 남는 한마디를 만들어 소비자들의 구매 욕구를 자극하는 게 일이었다. 하지만 요즘 카피라이터의 역할은 그런 일과는 거리가 좀 있어 보인다. 이렇게 멋들어진 시와 같은 한마디로 소비자들의 지갑을 열기에는 역부족인 시대가 됐기 때문이다.

예전에는 당연하던 것들이 이젠 당연하지 않아졌다. 하루에도 수십 개의 브랜드가 출시되고 사라지는 시장에서 경쟁은 훨씬 치열해졌다. 그러다 보니 '어떻게 해야 소비자가 관심을 갖게 하고 소비자의 기억 속에 오래 남을 수 있을까'에 대한 고민이 더 많이 요구된다. 가격 경쟁력 대신 가치 경쟁력을 갖춰야 할 브랜드들은 차별화 중심 마케팅 전략을 펼치게 됐고 그 중심에 '스토리텔링'이라는 커뮤니케이션 활동이 대안으로 떠올랐다.

덴마크의 미래학자 롤프 옌센은 그의 저서 『드림 소사이어티』

에서 감성적이고 비물질적인 요소가 상품을 선택하고 구매하는 소
비자의 행태에 더 많은 영향력을 가져다준다고 설명한다. 스토리
텔링 마케팅은 이처럼 상품 그 자체를 소개하는 것이 아니라 상품
에 얽힌 이야기를 가공 포장해 광고와 프로모션 등에 활용하는 감
성 지향적 마케팅 활동이다. 상품의 특별하고 개인적인 이야기를
들려줌으로써 소비자의 마음에 브랜드에 대한 애착을 심어주는 의
사소통 방법인 것이다. 색다른 경험으로 더 나은 삶에 대한 의미를
부여하는 이야기는 소비자와 브랜드를 결합시키는 접착제 같은 역
할을 한다.

사연 없는 고기는 매력이 없다

"100년이 넘도록 버크셔 돼지 품종을 사육해온 미국 텍사스 농
가에서 건강하게 비육된 순수 혈통 버크셔랍니다. 200일 이상 천
천히 키워 도축하기에 깊은 맛과 풍성한 마블링이 남달라요."[12]

신선 식품 전문 온라인 쇼핑몰 마켓컬리에서 미국산 버크셔 흑
돼지 목살 상품을 설명해놓은 글이다. 마치 누가 내 옆에서 고기에
대한 이야기책을 읽어주는 것 같다. 여타 상품 설명이라면 가격이

마켓컬리에서 판매하는 미국산 버크셔 흑돼지 목살

얼마고 원산지는 어디고 성분은 무엇인지 등이 딱딱하고 건조하
게 적혀 있을 것이다. 하지만 마켓컬리는 다르다. 어디서 어떻게 누
구에게 뭘 먹으며 사육됐는지, 어떤 음료나 술에 잘 어울리고 손질
은 어떻게 해야 하는지, 조리는 어떻게 해야 하는지 등이 상품 설명
에 담겨 있다. 예전이라면 읽어보지 않았을 설명을 꼼꼼히, 유심히
읽고 있는 나를 발견한다. 그러고는 아내에게 "이게 돼지고기 중에
순수 혈통 버크셔라네"라고 얄팍한 지식을 읊어댄다.

　기사에서 본 바에 따르면 마켓컬리에는 상품 스토리를 만드는
직원만 20명이 될 만큼 상품 설명에 정성을 기울인다고 한다. 어느

목장에서 젖소가 자라고 있는지, 사료는 뭘 쓰는지, 살균은 어떻게 하는지 등의 정보를 자세히 싣는다. 그냥 자세히 적기만 하는 게 아니라 이야기라는 틀에 태워 소비자에게 전한다.

왜 마켓컬리는 고작 상품 설명 하나도 그냥 내버려두지 않는 걸까? 아마도 마켓컬리는 알고 있기 때문일 것이다. 요즘 소비자들은 가격이 조금 비싸더라도 상품 정보를 제대로 전달하면 더 믿고 구매한다는 걸.

사람들은 마켓컬리의 성공 요인을 새벽배송과 같은 배송 혁신으로 본다. 물론 맞는 말이다. 하지만 그 이전에 마켓컬리가 투자를 받을 수 있었던 계기는 제품을 파는 방식이 이전과 달랐기 때문이다. 제품 정보를 스토리텔링을 통해 전달했고, 이것이 '얼리 어답터' 주부들의 시선에 포착됐고, 이 고객들로 인해 마켓컬리가 지금의 정체성을 가질 수 있게 됐다. 스토리텔링은 마켓컬리의 존재 이유이자 지속 가능성을 담보해준 브랜드 자산인 셈이다.

오프라인 매장이 너 나 할 것 없이 고전하고 있는 상황에서 젊은이들의 핫플레이스로 거듭나고 있는 성수동 복합문화공간 '성수연방'의 떙굴스토어도 상품 하나하나에 이야기를 담아 소비자들과 커뮤니케이션하고 있다. 떙굴스토어에 가면 각 코너별, 상품별로 긴 설명을 볼 수 있다. 예를 들어 그릇 코너에는 "나의 살림 로망"

같은 제목 아래 "어릴 적 모래 밥과 나뭇잎 그릇 갖고 놀던 소꿉놀이, 어느덧 실전이 된 나의 살림살이들"이라고 적혀 있는 식이다.[13]

밀레니얼 세대에게 사랑받는 오프라인 브랜드들은 아무리 작은 상품이라도 그냥 전시하지 않는다. 이 상품이 어떤 의도로, 어떻게, 누구에 의해 만들어졌는지 적어 진열한다. 단순히 정보를 제공하기 위한 것이 아니라 소비자들과 소통하기 위한 방법인 것이다. 이야기를 담음으로써 상품에 매력을 부여한다. 그리고 밀레니얼들은 상품 그 자체보다 상품에 담긴 이런 이야기를 소비하고 있다.

방탄소년단이라는 이야기책

원더걸스는 국내 시장에서 선풍적인 인기를 얻은 뒤 미국 진출을 꾀했다. 제작자 박진영은 국내에서는 이미 최정상 아이돌인 원더걸스를 미국 유명 가수들의 오프닝 가수로 내보내는 정도의 활동을 감수하면서 미국 시장을 밑 바닥부터 개척해보려 했다. 유명 가수의 오프닝을 하다 보면 그 팬들에게 노출될 것이고, 그러다 보면 대중에게도 알려질 것이며, 음악이야 이미 국내에서 검증됐으니 미국 시장에서 인지도만 쌓는다면 게임 끝이라고 생각했던 것 아닐까.

이 전략은 모두가 다 아는 것처럼 실패했다. 그리고 아이러니하게도 박진영도 해내지 못한 미국 시장 점령을 그와 함께 일했던 방시혁이 해내고 만다. 그는 유명인을 통해 인지도를 띄우는, 어찌 보면 빠른 길이 아니라 굉장히 지난하고 험난한 길을 통해 이 성공을 이뤘다. 바로 스토리텔링이다.

방탄소년단은 그들의 성장과 함께 앨범이 시리즈로 전개된다. 지금까지 출시된 방탄소년단의 앨범은 '학교 3부작'에서 '화양연화 2부작'으로 이어진다. 먼저 학교 3부작을 통해 그룹명과 같은 방탄한 소년의 이야기를 들려주며 그룹 컬러와 음악적 정체성을 확립했다. 이후 화양연화 2부작을 통해서는 멤버들이 소년에서 청춘으로 성장하면서 겪을 만한 불안과 아름다움에 대한 이야기들을 풀어냈다. 팬들은 방탄소년단의 노래를 들으며 자신이 성장하면서 느꼈던 생각과 감정을 떠올리며 공감했다. 호감이 안 갈래야 안 갈 수 없는 그룹이 된 것이다.

이와 같은 스토리텔링형 음반에 기존 팬들은 스토리를 이어나가는 재미로, 새로운 팬들은 이들과 함께 이야기를 만들어나가고 싶다는 호기심으로 기꺼이 '아미'(방탄소년단 팬클럽)가 된다. 오죽하면 신규 앨범 〈WINGS〉 컨셉의 모티브가 된 고전문학 『데미안』이 베스트셀러에 올랐겠는가? 2014년 9월 27일 〈상남자〉 활동을 마무리하며 한 인터뷰는 방탄소년단의 성공 요인을 정확히 보여주고 있다.

　"우리는 게임 퀘스트를 깨는 것처럼 '신인상' '정규 1집' '단독 콘서트' 등 과제들을 한 개씩 해결하고 있다. 저희는 단번에 확 뜨는 것이 아닌 차근차근 성장하는 모습을 보여드릴 예정이다. 예전부터 우리를 봐주신 분들은 우리가 성장하는 모습을 보고 뿌듯해해주셨으면 좋겠다. 앞으로도 점점 올라갈 예정이니 방탄소년단을 보시면 자식 키우는 재미를 느끼실 수 있을 것 같다."[14]

　요즘 애들은 이야기에 반응한다. 이 정도는 이제 파악했을 것이다. 그런데 대체 스토리텔링은 어떻게 풀어가야 하는 걸까? 단답형 정답은 금방 풀어내지만 이런 일에는 서툰 우리 세대. 스토리텔링이 있는 농산물 디자인으로 유명한 연암대학교의 김곡미 교수 인터뷰 중 주목할 만한 내용이 있다.

　"농사를 잘 짓는 농장은 들어가는 입구부터 정돈이 잘돼 있다. 농부와 얘기해보면 그 집 농산물을 더 잘 알게 된다. 이야기가 있는 농산물이 훨씬 맛이 있다. 예를 들어 한 꿀벌 농장에 갔는데, 그 농부는 '우리 꿀이 얼마나 맛있는지 반달곰이 양봉장을 습격했어요' 라고 했다. 그 얘기를 듣는 순간 디자인이 머릿속에 확 그려졌다."[15]

공감되지 않는가. 굳이 당도가 얼마고, 어디에서 상 받은 꿀이라는 등의 정보들보다 '반달곰이 양봉장을 습격했다'는 이야기가 세상 그 어떤 수식어보다 재밌고 이목을 사로잡는 말일 것이다.

그렇다면 스토리텔링에서 절대로 놓치지 말아야 할 것은 무엇일까? 『ㅍㅍㅅㅅ』에 연재된 「장도연처럼 말하기」라는 글에서 그 단서를 찾을 수 있다.

"아마도 동질감과 유대감. 이 두 가지가 이야기의 본질일 것이다. 방탄소년단의 경우도 그룹의 성장 과정에 팬들을 적극적으로 참여하게 만들어 소속감을 부여했다. 듣는 사람을 매료하는 것, 같은 고민을 하게 만드는 것이 이야기의 본질이다. 그리고 매력적인 이야기란 이러한 본질을 훼손하지 않는 이야기를 말한다. 독자를 참여하게 만드는 이야기, 그리고 함께 정답을 찾아가는 이야기, 그래서 기억에 오래도록 남는 이야기가 매력적인 이야기다."16

또 한 번 덧붙이지만 밀레니얼 세대에게 어필하는
가장 좋은 방법은 스토리텔링이라고 확신한다.
이제는 자극과 임팩트의 시대에서 스토리의 시대로 바뀌고 있다.
마케팅을 하려거든 좋은 이야기꾼이 돼야 한다.
『천일야화』 시대부터 이야기꾼은
어느 때나 어느 곳에서나 사랑받았으니 말이다.

개천에서 용 나려면
더러운 개천으로 가야 한다

이연복 셰프가 자신의 레시피를 자꾸 방송에서 공개하는 걸 보고 지인이 "이렇게 레시피 공개하셔도 괜찮으세요?"라고 물었다. 그러자 이연복 셰프는 대답했다. "귀찮아서 이대로 똑같이 다 하지도 못해. 그래서 공개해도 괜찮아."

맞는 말이다. 혁신이 뭔지 알아도 많은 브랜드들은 그 쉬운 걸 해내지 못한다. 어쩌면 하기 귀찮은 게 맞는지도 모른다. 그렇게 안 해도 먹고살 수 있으니까. 백종원 대표도 같은 이야기를 한다. 식당 주인이 불편해야 손님이 맛있는 걸 먹는다고.

좋아하는 TV 프로그램 중에 채널A에서 방영하는 〈서민갑부〉가 있다. 여기에 출연한 사람들은 하나같이 맨손으로 시작해서 갑부가 됐다. 이들의 공통점이 있다면 바로 남들이 하지 않는 힘든 일을 해결해주는 역할을 찾아서 했다는 것이다. 다시 말하면 그래야 돈이 된다는 뜻이다. 남들이 다 하고 싶어 하고 좋아하는 일은 경쟁이 치열해서 돈이 안 된다. 브랜드도 마찬가지. 소비자의 불편을 해결해줘야 한다. 그래야 팔릴 수 있다. 불편한 지점을 찾아서 기꺼이 뛰어들 때 비로소 그 브랜드는 프리미엄이 된다.

그때는 맞고 지금은 틀린 이야기

우리 세대에게 팔리는 브랜드의 기준은 '소비자들에게 꿈과 희망을 얼마나 많이 주느냐'였다. 그래서 불과 몇 년 전만 해도 대한민국에서 가장 각광받는 브랜드는 현대카드였다. 미니멀하고 세련된 카드 디자인 그리고 슈퍼콘서트 개최나 라이브러리 운영 등 여타 카드회사로서는 엄두가 나지 않을 마케팅 행보를 보여주며 워너비 브랜드로 자리매김했다. 현대카드는 소위 상위 1%의 부자들만 가질 수 있다는 블랙카드를 출시했고, 지금처럼 쓰임새와 활용도에 따른 카드 구성이 아닌 프리미엄 이미지를 전면에 내세우는 정책을 유지해왔다. "나도 퍼플 카드 갖고 싶다." "블랙카드는 회장님들만 가지고 있다며? 아무나 발급 안 해준다더라." 소비자들에게서 이런 호기심을 끌어내며 누구나 갖고 싶은 카드가 되기 위한 브랜딩을 해온 것이다. 카드를 갖는다는 게 하나의 특권이자 자신의 계급이나 신분을 표현하는 하나의 상징으로 자리 잡게 해줬던 현대카드. 당시만 해도 이렇게 브랜드가 리드하는 대로 소비자들이 수동적으로 따라가며 부여된 욕망을 받아들이도록 하는 것이 우리 세대의 브랜딩 방향성이었다.

　비단 현대카드에만 국한된 얘기는 아니다. 머리끝부터 발끝까지 명품으로 바를 순 없어도, 허리띠 하나라도 또는 구두나 넥타이만이라도 명품이라는 브랜드를 하나씩은 가지고 있어야 요즘 말로 '인싸'가 되는 시대였다. 내가 어떻게 쓰느냐보다 남들에게 어떻게 보여지느냐가 더 중요했던 시대. 그래서 그런지 각 브랜드마다 소비자들이 닮고 싶어하고 동경하는 모델들을 내세워 마케팅을 했다. 화장품 광고 모델로는 무조건 당대 톱으로 손꼽히는 따라갈 수 없는 미모의 배우들이 발탁됐다. 지금처럼 박나래 같은 코믹한 이미지의 개그맨, 나이 많은 박막례 할머니, 기안84 같은 평범한 외모의 웹툰 작가가 화장품 광고를 한다는 건 꿈도 꿀 수 없었다. 깎아놓은 듯한 미모의 남녀 모델을 등장시키지 않으면 욕먹기 딱 좋은 시절이었다.

　그런데 요즘 그때처럼 마케팅하면 어떻게 될까? 내가 볼 땐 망하기 딱 좋다. 요즘 세대는 브랜드가 리드하는 대로 마냥 따라와주지 않는다. 오히려 브랜드가 소비자를 뒤따라다니며 그들이 필요로 하는 부분을 면밀히 관찰하고 불편함을 해소해주는 전략을 펼쳐야 한다. 밀레니얼 세대는 그럴 때 반응하기 때문이다. 다른 선택의 여지가 없다는 이유로 남들을 따라가는 일은 하지 않는다. 그들의 눈에 띄려면 기꺼이 개선이 필요한 영역으로 내려가서 해결해주는 노력이 필요하다. 지금 사랑받는 브랜드나 제품이 얼마나 많은 이들의 불편함을 해소줬는지 살펴보면 금방 답이 나올 것이다.

모두가 원했던 간편한 서비스

밀레니얼 세대인 이승건 대표는 토스 서비스를 만들게 된 계기로 '불편함'을 꼽았다. 당시 다양한 스타트업을 시작하며 인터넷에서 볼펜과 같은 소모품을 사려다 '액티브엑스ActiveX' 프로그램 설치로 컴퓨터가 먹통이 되는 바람에 크게 분노했던 경험이 시초였다. 그는 이런 일상의 불편함을 해소해주는 서비스가 있다면 분명히 고객들에게 사랑받을 수 있다고 판단했다. 그렇게 시작된 토스는 2015년 국내 최초로 공인인증서가 필요 없는 '간편 송금 서비스'를 시작했고, 현재 가입자 1,000만 명을 넘어서며 큰 인기를 끌고 있다.

이렇게 모두가 느끼고 있던 불편함을 제일 먼저 나서 해결해준 토스는 4명의 직원으로 굴지의 은행들을 뒤로하고 대한민국 대표 핀테크 기업이 됐다. 핀테크가 다른 나라에 비해 3년 정도 뒤처졌

간편 송금 서비스의 신화 토스

다는 대한민국 기업으로서 세계의 주목을 받기까지 그들은 한결같
은 전략을 유지했다. 밀레니얼 세대가 열광할 수밖에 없는 이유도
바로 이것이었다. 이승건 대표의 말을 직접 인용해본다.

"은행 거래를 위해 지점에 가야 한다는 것, 시간 제약이 있다는 것
자체가 불편한 거지요. 네이버 검색이 오후 4시까지만 되나요?"[17]

기존 '주거래은행'이라는 높은 장벽조차 소비자들의 불편함을
해소했다는 한 가지 이유만으로도 가뿐히 뛰어넘었다. 물론 나 같
은 꼰대들은 아직도 약간의 불편함을 감수하며 해오던 방식을 고
수하기도 한다. '그래도 주거래은행인데 장기적으로 생각하면 나
중에 손해 볼 수도 있어' 하면서 지금 당장의 불편함을 감수하고
효율적이지 않은 선택을 유지하는 것이다. 그러나 밀레니얼들은

불편함을 참지 못한다. 불편을 넘어서는 이점을 찾지 못한다면 언제든 떠날 준비가 돼 있는 세대라고 할 수 있다.

최근 여러 가지 문제로 시끄러웠던 '타다' 서비스가 처음 각광받았던 것도 사실 같은 이치다. 택시 서비스의 혁신이라 불리는 새로운 플랫폼의 등장에 가장 열광했던 것이 누구였는지 생각해보자. 비용을 좀 더 지불하면서까지 꾸준하게 이용했던 주 소비층을 떠올려보면 답이 나온다.

이처럼 한 분야에서 불편함이 만들어낸 화는 때론 독이 되기도 하지만 누군가에겐 가장 혁신적인 기업을 만들어내는 원동력이 될 수도 있다. 기꺼이 개천으로 내려가려는 노력만 있다면 용이 되어 날아오르는 것은 순식간이다. 밀레니얼 세대가 느끼는 가려운 구석을 예리하게 찾아서 긁어준다면 그들은 뒤도 돌아보지 않고 달려가 당신에게 안길 것이다.

그렇다면 밀레니얼 세대들은 왜 불편함에 민감할까? 우리 세대는 뭐든 감수하고 참고 견디라고 교육받아왔고, 실제로 조금만 참고 견디면 잘될 거라는 믿음과 희망이 우리를 배신하지 않았다. 하지만 밀레니얼 세대는 참고 견뎌도 항상 그만큼의 열매를 얻지는 못한다. 그러다 보니 올지 안 올지 모를 나중의 보상을 위해 지금이 순간의 불편과 고통을 견디기보다 바로바로 원하는 것을 얻으려는 성향이 강하다. 따라서 이들의 불편과 고통을 즉시 해소해주는 브랜드야말로 열정적인 지지를 받을 수 있다.

핑계는 곧 죽음이다

디지털 시대를 맞아 가장 큰 변화를 겪고 있는 쇼핑몰 시장에서도 요즘 세대의 마음을 읽고 편리한 일상을 도와주는 브랜드들이 '혁신'이라는 칭찬을 받으며 업계를 이끌어가고 있다. '샛별 배송'이란 배송 서비스의 혁신을 이뤄내며 시장에 나타난 마켓컬리의 성공은 이제 식상하다고 할 정도로 모두가 아는 이야기가 됐다. 경쟁 업체도 우후죽순 생겨나 다음 스텝을 준비하지 않으면 위기를 맞을 수 있을 만큼 성장한 상태다.

그런데 그 잘나가는 마켓컬리도 소비자들에게 불편함을 일으키는 요소는 있었다. 바로 과다 포장 문제였다. 신선함과 제품 보존이란 명목하에 파 한 단 배송에 은박지까지 붙인 거대한 박스가 따라왔다. 물론 처음에는 소비자들도 이해했다. 워낙 퀄리티가 좋은 제품들이고, 배송 과정에서의 품질 훼손을 방지해야 쇼핑몰에 대한 신뢰가 쌓일 수 있다고 생각했기 때문이다. 하지만 언제나 문제는

마켓컬리의 친환경 포장지

선을 넘을 때 생긴다. 과한 게 문제였다. 환경에 대한 관심이 커진 소비층이 문제를 제기하기 시작했다. 그러자 마켓컬리는 친환경 포장지 사용을 비롯해 과다 포장을 방지할 수 있는 여러 가지 대책을 마련했다. 핑계 대지 않고 즉각적으로 소비자의 불만을 해소해주는 대처법으로 위기를 극복한 것이다.

밀레니얼 세대를 타깃으로 하는 시장에서 핑계는 곧 죽음을 의미한다. 그들의 마음속에 있는 불만을 그대로 방치하는 순간 소비자들은 멀어진다. '내가 좋아하는 브랜드는 뭔 짓을 해도 용서가 돼' 하는 충성심으로 중무장한 채 지갑을 열던 이전 세대처럼 요즘 애들을 대했다가는 문 닫기 딱 좋다는 뜻이다.

아무리 잘나가는 브랜드라도 예외는 없다. 무조건 즉각적으로 대응하고 개선해야 한다. 눈 가리고 아웅 하는 식의 대처법은 금방 들통난다. 불만을 해소하는 데 어려움이 있다면 있는 그대로의 사실을 이야기하고 그래서 더욱더 최선을 다하겠다는 진실된 모습을 보여야 사랑받을 수 있다.

애플이 해낸 것 같은 천지개벽의 혁신은 이제 좀처럼 일어나기 힘들어졌다. 소비자들도 그걸 잘 안다. 그런 점에서 밀레니얼 세대들은 아량이 넓다고도 할 수 있다. 각광받는 브랜드들의 행보를 보면 안다. 작지만 중요한 불편함, 오래된 불만을 해결해주기만 해도 혁신이라고 인정해준다. 하지만 이연복 셰프의 말처럼, 이렇게 쉬운 걸 안 하는 경우가 의외로 많기 때문에 나 같은 사람도 잔소리 한마디 보태는 글을 굳이 쓰고 있는 것이다.

대기업만 오래 다니다가 창업을 했더니
아주 자질구레한 일들까지 모두 내 몫이 됐다.
지금도 예전 회사에서는 하지도 않을 광고들도 맡아가며
차근차근 밟아 올라가는 과정을 즐겁게 견뎌내는 중이다.
가끔씩 다른 회사가 갑자기 큰 광고주를 영입했다는 소식을 들으면
로또 맞은 사람 보듯이 부러운 마음뿐이다.
종종 마음이 급해지기도 하지만, 귀찮고 하기 싫은 일부터 잘해야
결국에는 내가 하고 싶은 일을 할 수 있다는 걸 알기에
오늘도 내 눈높이에서 주변을 관찰하며
개천에서 용 나는 꿈을 포기하지 않는다.

#code10

위대하면 유명해지는 시대에서
유명해지면 위대해지는 시대로

아프리카TV에서 개인 방송을 하는 철구라는 BJ가 있다. 지금은 아프리카TV의 대통령이라고도 할 정도의 거물이다. 처음에 이 BJ의 행동을 보면서 어떻게 저런 사람이 BJ라는 이름으로 나올 수 있었을까 의아했다. 그의 방송을 보는 사람들도 정말 이상한 사람일 거라고 생각했다. 괴이하기 이를 데 없는 행동과 상식 밖의 욕설, 선정적인 상황 등이 여과 없이 10~20대들에게 보여지는 방송이 내 입장에서는 너무나 불쾌했다. 그러니 이런 그를 개인 방송의 시조새라고 추앙하는 요즘의 모습에 나는 놀랄 수밖에.

SNS의 위험성을 경고한 영화 〈너브Nerve〉의 카피문구는 "가장 미친놈이 모든 걸 갖는다"이다. 영화상에서는 자극적이고 혐오스러운 소재를 다루는 소셜미디어 인플루언서의 활동을 빗대어 말한 것이다. 철구라는 아프리카 BJ의 사례나 위 영화의 내용처럼 관심을 끄는 것이 늘 좋은 것이라고는 할 수 없다. 하지만 표현 그대로만 놓고 보자면 미친놈의 시대가 도래한 것은 부정할 수 없는 사실이다. 일명 관종의 시대인 요즘, 브랜드는 어떻게 해야 살아남을 수 있을까?

#code10

관종의 시대

내가 마케팅을 공부하고 업계에서 일하는 동안에는 데이비드 아커의 『브랜드 경영』 같은 책이 비즈니스의 바이블이었다. 브랜드를 시스템화해 체계적으로 관리해야 지속 가능성 있고 강력한 브랜드가 된다는 내용이었다. 열심히 줄을 그어가면서 읽고 또 읽었던 기억이 생생하다. 또한 『마케팅 불변의 법칙』 같은 책을 보면서 마케팅을 공부하기도 했다. 책에 나온 문구 그대로 광고주에게 조언도 했다. 마케팅이란 자고로 무슨 법칙, 무슨 이론에 입각해서 움직여야만 그럴싸한 비즈니스 성과를 낼 수 있다고 믿었다. 오죽하면 광고대행사에 'AP'(광고주에게 광고 마케팅 전략이나 플랜을 제안하는 부서)가 있었을 정도니까. 때문에 경쟁 PT를 할 때면 광고 전략을 설득하기 위해 외국의 저명한 이론 같은 것들을 들이댔다. 평소에도 어쭙잖은 이론을 최대한 많이 수집하려고 애썼다.

대중의 관심보다는 기존 브랜드 이미지에 맞는 광고 전략이 우선되던 이런 시절에도 언더독 브랜드들이나 신생 브랜드들은 관심을 끄는 것만이 유일한 전략이었다. 그때 많이 쓰던 방법이 티저 광고였다. "선영아 사랑해"라는 플래카드로 대한민국을 들었다 놨다 했던 광고가 대표적인 예라고 볼 수 있다. 하지만 TV 광고로 관심을 끄는 것은 엄청난 비용이 필요한 일이었고, 당연히 부익부 빈익빈 현상이 나타났다.

그러나 디지털 시대가 열리고 광고 미디어가 다양해지면서 누구나 브랜드를 만들 수 있고 제품을 판매할 수 있는 루트가 생겼다. 덕분에 한정된 소비자의 구매를 이끌어내야 하는 브랜드 간 경쟁은 더욱 치열해졌다. 브랜드 이미지와 맞는 광고 전략을 따지기보다 소비자의 관심을 받아야만 살아남는 시대가 도래한 것이다.

『관심의 경제학』 저자 토머스 데이븐 포트 교수는 "관심은 비행기 좌석이나 음식처럼 낭비되기 쉬운 재화"라며 "관심이 어느 한 곳에 주어지면 다른 곳에는 주어질 수 없다"고 말했다.[18] 그야말로 눈에 띄어야 살아남을 수 있을 뿐 아니라 더 나아가 '관종'(관심을 받고 싶어하는 사람)으로 낙인찍혀 냉소의 대상이 되었던 사람들조차 오히려 시장을 이끄는 선망의 대상이 되고 있다. 바야흐로 우리는 관종의 시대를 살고 있고, 그 중심에는 밀레니얼 세대가 있다.

이 구역 미친 캐릭터의 등장

힙합을 그다지 좋아하진 않지만 힙합 하는 친구들의 허세 어린 모습과 '똘끼'가 재밌어서 Mnet의 예능 프로그램인 〈쇼 미 더 머니〉를 좋아했다. 아마 2018년 이 방송에서 가장 화제가 된 인물은 누가 뭐래도 '마미손'일 것이다. 가면을 쓴 마미손이 가수 매드클라운이라는 것을 모두가 아는데도 본인이 끝까지 잡아떼는 모습이 너무 재밌었다. 저러다 어느 순간 가면을 벗고 정체를 밝히려나 싶었는데 탈락한 후에도 그는 가면을 벗지 않았다. 더 나아가 매드클라운과 마미손은 전혀 다른 사람인 것처럼 활동을 이어나갔다.

유튜브에서도 마미손이 폭발적인 인기를 얻는 것을 보면서 요

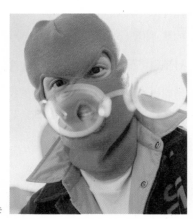

새로운 캐릭터로 활동한 마미손

즘 세대의 문화를 엿볼 수 있었다. 사람들은 마미손과 매드클라운이 동일 인물이란 걸 알면서도 새롭게 등장한 마미손의 남다른 존재감에 압도당했다. 일전에는 듣지도 보지도 못한 미친놈 컨셉으로 등장한 마미손은 그 자체로 엄청난 브랜드였다. 마미손의 출현은 요즘 애들이 좋아하는 캐릭터가 무엇인지 다시금 생각해보게 했다.

해외에서도 비슷한 사례를 찾아볼 수 있다. 런던 소더비 경매에서 놀랄 만한 일이 벌어졌다는 뉴스가 연일 보도된 적이 있다. 〈풍선과 소녀〉라는 그림이 15억에 낙찰됐다는 망치를 두드리자마자 그 그림이 파쇄기에 들어간 종이처럼 찢어지는 일이 발생했다는 것이었다. 그 자리에 있던 사람들은 경악을 금치 못했다.

이 그림의 작가인 뱅크시는 자신의 그림이 낙찰되는 순간 자동으로 파쇄될 수 있도록 작품에 장치를 해놨다고 밝혔다. 그는 오래전부터 작품 활동을 통해 미술계의 부조리함을 지적하고 풍자해온 테러리스트 같은 작가다. 철저히 신원을 숨기고 세계 주요 도시에 그라피티를 남기는 게 특기이기도 하다. 작가의 말발이나 유명세만 보고 그림 가격이 천정부지로 치솟는, 그림은 잘 알지도 못하면서 남들이 대단하다고 하면 돈을 쏟아붓는 사람들의 행태를 유독 못마땅해했다. 하지만 아이러니하게도 뱅크시가 그림 가격의 부조

뱅크시의 그라피티

리함을 조롱하는 작품을 만들면 만들수록 그의 그림 가격도 터무니없이 올라갔다. 뱅크시는 이번 소동도 그런 부분을 지적하고 싶어 벌였다고 전한다.

뱅크시는 또한 유명 미술관에 자신의 작품을 슬쩍 두고 오는 것으로도 유명하다. 대영박물관에 들어가 쇼핑 카트를 밀고 있는 원시인이 그려진 돌을 놓고 사라진 적도 있단다. 작품이 무엇인지, 무슨 의도로 만들었고 어떤 가치가 있는지 잘 알지도 못하면서, 유명한 곳에서 유명한 작가가 그린 미술품을 관람했다는 허영만 좇는 세태를 고발한 것이다.

그는 그저 기존 미술계의 허례허식 그리고 유명세를 저격하는 것만으로도 전 세계에서 가장 주목받는 작가가 됐다. 누구도 그의 정체를 정확히 알지 못한다. 하지만 뱅크시는 '개념 있는 돌아이'라는 컨셉만으로 화제의 브랜드가 될 수 있었다. 아마 지금 그는 그의 의도와는 다르게 가장 사랑받고 가장 비싼 작품을 만들어내는 현대미술가 중 한 명이라고 해도 과언이 아니다. 그가 그리는 것들은 대단하지 않은 낙서임에도 엄청난 가치를 지니게 됐다. 그가 기이함의 상징이기에 얻을 수 있었던 가치다.

관심의 파도를 타라

나 같은 아재가 느끼기에 시대는 갈수록 혼란스럽고 정신없어지는 것 같다. 이게 비단 나이만의 문제일까? 시대가 정말 파편화되고 복잡해진 건 사실이다. 때로는 어지러울 정도로 말이다. 하지만 이런 어수선한 시절일수록 빛을 드러내는 것은 기존의 흐름 앞에 당당히 서서 웃으며 가운뎃손가락을 날릴 수 있는 '돌아이'들이다. 밀레니얼 세대는 세상에 온몸을 던져 용기 있게 저항할 해적 같은 존재가 등장하기를 기다리고 있다.

그런데 해적이 되려면 어떻게 해야 하는 걸까? 되고 싶다고 다 될 수 있는 건 아니지 않은가. 다만 해적이 되기 위해 어떤 마음가

짐을 가져야 하는지는 알 것 같다. 해적이 되는 좋은 방법 중 하나는 파도를 타는 것이다. 사람들의 관심과 욕심이 모여 물결을 이루고 파도치는 그 지점에 가장 먼저 올라타보라고 권하고 싶다.

나는 브라이언에잇이라는 내 회사와 동명의 유튜브 채널을 운영하고 있다. 유튜브를 하면서 느끼지만 아무리 좋은 내용의 콘텐츠를 만들어 올린다 해도 사람들은 별 관심이 없을 때가 더 많다. 처참한 조회 수를 보며 생각한다. '아니 왜? 이 콘텐츠는 내용이 정말 좋은데?' 그런데 사람들이 관심 있어하는 주제의 콘텐츠를 만들어 올리면 조회 수는 어김없이 올라간다. 한번은 와디즈 광고에 대한 리뷰 영상을 올린 적이 있다. 처음엔 조회 수가 처참했다. 그런데 갑자기 이 영상의 조회 수가 기존의 10배 정도로 급상승했다. 이유를 알아보니 중국 알리바바에서 이미 팔리고 있는 제품을 마치 혁신적인 제품인 양 판매한 와디즈를 고발하는 내용의 유튜브 콘텐츠가 언론에 오르내리면서 덩달아 내 콘텐츠도 터지게 된 것이었다.

이렇게 나만 관심 있는 것이 아니라 모든 사람들의 관심이 모여 있는 커다란 파도를 올라타려고 해야 한 줌의 관심이라도 얻을 수 있다. 해적도 보물선이 있는 곳을 찾아내야지 아무 데서나 해적질을 해봐야 얻는 건 없다. 그러니 해적이 되고 싶다면 그래서 모든 사람들의 관심을 얻고 싶다면 그들의 관심이 있는 곳으로 가라. 거기서 시작해라.

〈쇼 미 더 머니〉에서 스윙스가 자신의 사업 이야기를 하며 꼽은 진정한 돌아이 정신, 즉 사업가의 가장 중요한 자질은 바로 깡이었다. 뻔한 말이지만 누구나 가질 순 없는 자질이다. 생각해보라. 이전의 자기 모습, 여러 가지 상황, 조건 등을 감안했을 때 마미손과 뱅크시처럼 행동한다는 게 쉬운 일인지를. 쉽지 않다. 그냥 깡 하나로 가는 거다. 바로 이 깡이 커다란 파도에 올라타게 해주는 거다.

봉준호 감독의 <기생충>이란 영화에는 많은 대사가 나오지만
개인적으로 제일 머릿속에 오래 남은 말은 따로 있다.
바로 최우식이 과외하는 여학생에게 한 말이다.
"시험이라는 게 뭐야? 치고 나가는 거야.
그 흐름, 그 리듬을 놓치면 완전 꽝이야.
24번 문제 나한테는 관심 없어.
나는 오로지 다혜가 이 시험 전체를 어떻게 치고 나가는가!
장악하는가! 그것만 관심 있다? 실전은, 기세야 기세."
유명해지는 조건도 마찬가지 아닐까?
바로 자기 자신에 대한 기세가 있느냐 없느냐!

#code11

이미지 메이킹보다
진정성 메이킹

직장 초년병 시절 내 사수는 광고는 인식을 바꾸는 것이라고 누누이 말했다. 사람들이 가지고 있는 생각들을 바꾸기만 하면 저절로 구매라는 행동으로 이어진다고, 소비자들의 선입견을 바꾸고, 세상에 없던 제품의 존재감을 인지시키고, 별로 좋아하지 않던 브랜드를 좋아하게 만드는 게 마케팅이고 광고가 해야 할 역할이라고 했다. 이를 위해 멋진 메시지와 눈에 띄는 비주얼 등으로 광고를 가득 채웠다. 그럴수록 소비자들은 제품 그 자체보다 광고에서 제시하는 이미지로 브랜드를 인식했고 브랜드는 이미지 메이킹을 위한 광고들을 계속 만들어갔다. 이미지 메이킹이 곧 판매로 이어지던 시절, 광고주들은 얼마나 더 멋지게 포장하고 치장하느냐, 어떻게 제품이 가진 약점은 숨기고 강점만 보여줄 수 있느냐를 고민했다. 매스미디어의 힘만으로도 얼마든지 원하는 이미지를 만들어낼 수 있었기 때문이다. 매스미디어의 힘이 예전 같지 않은 요즘에는 숨겨야 할 건 잘 숨긴 이미지 메이킹이 브랜드의 판매를 담보해주지 못한다. 하늘 아래 비밀은 없는 요즘이라 아무리 잘 가리고 치장해도 원판은 언제나 드러나게 마련이다. 이젠 맨얼굴로 싸움을 하지 않으면 안 되는 시대가 돼버렸다.

#code11

포장과 치장의 시대를 넘어 진정성의 시대로

10년 전 '이영애의 하루'가 화제가 된 적이 있다. 이영애 배우가 출연하는 광고 품목이 워낙 많다 보니 그녀가 나오는 광고들만으로도 그녀의 하루가 구성된다는 얘기였다. 그만큼 왕년에 빅 모델들은 대부분의 브랜드 매니저들이 가장 사랑하는 마케팅 도구였다. 심지어 어느 전자 제품 브랜드의 경쟁 PT 과제가 당시 가장 유명한 모델이었던 전지현을 잡아오는 것일 정도였으니 말이다.

그땐 그랬다. 유명인이 곧 브랜드의 이미지였고 정체성이었다. 소비자들은 그들의 모습을 그대로 닮기를 원했고 그들과 같은 삶을 누리고 싶어했다. 하나같이 현실은 비루해도 남에게 보여지는 것만은 그럴듯해 보이길 원했다. 때문에 브랜드는 사람들의 그런 욕망을 그저 툭 건드리기만 하면 됐다.

보여지는 게 중요했기에 항간의 기사에서는 '루키즘'이란 말이 사회문제로 대두되기도 했다. 집은 월세를 살지언정 차는 외제차를 타고 싶은 마음이었다. 그러다 보니 너 나 할 것 없이 제품이 아닌 제품이 주는 판타지를 팔고자 했다. 이미지만 팔아도 반응하는 시대였기 때문이다.

하지만 경제 위기가 지나간 후 거품이 꺼지기 시작했다. 'e편한 세상'의 "진심이 짓는다"는 광고 카피는 새로운 시대의 문을 열었다. 이제 판타지가 아닌 진심과 진정성을 원하는 세대가 등장했음 알리는 포문과도 같았다.

실제로 시간이 흘러 요즘의 주요 소비 주체로 성장한 밀레니얼 세대에게 브랜드를 선택하는 가장 절대적인 기준은 '진정성'이 됐다. 특히나 엔터테인먼트 시장처럼 동경과 선호로 포장된 분야에서는 그 차별성이 더욱 두드러진다.

방탄소년단의 예를 한 번 더 들어보겠다. 앞에서는 스토리텔링이라는 표현 방법에 대해 이야기했다면 이번엔 표현의 본질에 대한 이야기를 하려 한다. 방탄소년단은 도대체 어떤 메시지로 팬들과 소통했기에 전 세계의 열광을 받는 아이돌이 되었을까?

이들은 끊임없이 자신이 저 멀리 우주에 있는 별이 아니라 팬들과 함께 이 땅에서 살아가는 평범한 존재임을 각인시키며 팬들과의 거리를 좁히려 했다. 팬들을 위해 일상을 담은 사진과 영상을 공유하고 노랫말에는 그들 또래의 고민을 담았다. 대단하지 않은, 별것 아닌 이야기를 담았고 그것이 그들과 비슷한 일상을 사는 젊은이들의 공감을 끌어냈다.

RM을 비롯한 멤버들의 자작곡을 일찌감치 선보이고, 방송 출연이 예정돼 있으면 그에 앞서 유튜브에 방송국 복도에서 안무 연습을 하는 영상을 올렸다. 공식 활동이 없을 때도 멤버들의 소소한 일상이나 음악과 팬에 대한 가볍고 진지한 이야기를 끊임없이 SNS에 업데이트했다. 누군가를 좋아하게 되면 그들의 일거수일투족이 궁금해지는 건 사람의 보편 심리. 방탄소년단은 화려한 무대와 민낯의 일상을 여과 없이 팬들에게 공개했다. 가려지고 포장된 모습, 누군가에 의해 가공된 모습이 아닌, 그들이 자체적으로 만든 콘텐츠가 압도적으로 많았다.

토론토대학교University of Toronto 동아시아학 교수 미셸 조는 이렇게 분석했다.

"방탄소년단은 트위터에서 볼 수 있었던 최초의 K팝 그룹이었다. 이 밴드는 유튜브와 한국의 라이브스트리밍 플랫폼 아프리카TV, V Live에 자신들의 일상생활을 담은 동영상을 끊임없이 올렸다. 인터넷에는 멤버들이 잠을 자면서 껴안고, 식사를 하고, 택시에 앉아 서로 장난을 치는 등 평범한 방탄소년단의 순간들로 가득하다. 그들은 일상의 모습, 라이브스트림 비디오 다이어리, 리얼리티 TV 같은 웹 쇼 〈달려라 BTS!〉의 에피소드를 제작한다."[19]

밀레니얼들은 화려하게 포장된 포장지만 훌륭한 것들에는 신물이 났다. 이들은 겉모습보다 숨겨진 내면을 더 궁금해한다. 보여지는 것으로의 아이돌이 아닌, 보여지지 않는 곳까지 보여줄 수 있는 진정한 아이돌을 보고 싶었던 것이다. 이처럼 가식을 싫어하는 요즘 애들은 그 내면까지 파악돼야만 무엇이든 마음을 열고 기꺼이 소비하고 싶다는 마음을 갖는다.

브이로그로 국회의원이 되다

2018년 미국 민주당 후보 경선에서 대이변이 일어났다. 1989년생 웨이트리스 출신 여성이 당내 10선 의원 조셉 크라울리를 꺾고 11월 중간선거에서는 역대 최연소 뉴욕주 민주당 하원의원으로 당선된 것이다. 그 주인공은 알렉산드리아 오카시오코르테스. 트럼프 대통령에 이어 현재 워싱턴에서 가장 '핫한' 정치인 중 한 명이다. 버니 샌더스 민주당 대통령 후보 캠프에 들어가기 전까지만 해도 평범한 20대 여성일 뿐이었던 그는 2018년 한 온라인 매체가 발표한 트위터 영향력 순위에서 트럼프에 이어 2위를 차지하고 있다. 왜 그에게 이렇게 많은 스포트라이트가 쏟아지고 있는 걸까?

그는 흙수저 중의 흙수저다. 어린 나이에 아버지를 잃고 가난

남다른 행보를 보이는
오카시오코르테스 의원

한 이민자 출신으로 생계 전선에 뛰어들었다. 오카시오코르테스는 이런 정체성을 굳이 숨기지 않았다. 서민을 대변하겠다는 대부분의 정치인들이 실제 서민의 삶을 알지도 못하면서 '서민 코스프레' 하기 바쁘지만, 오카시오코르테스는 진짜 20대 서민 여성으로서 대중과 소통했다. 인스타그램에 "호그와트에 오신 것을 환영합니다"라는 멘트와 함께 국회도서관 사진을 올리거나 아파트 월세를 내기 위해 의원으로서의 첫 월급을 기다리고 있다는 트윗을 하며 많은 이들의 공감을 얻기도 했다. 심지어 퇴근 이후에는 라이브로 '쿡방'을 보여주기도 했다.

이런 솔직하고 당당한 모습에 많은 이들이 환호를 보냈다. 왜? 엄청나게 부유한 집안에서 태어나 진짜 서민과는 유리된 채 살아가는 엘리트 정치인의 자식이 아니라 실제로 나와 같은 평범한 삶

을 사는 그리고 그 삶에 솔직하고 당당한 사람이 자신을 대변해주
길 바랐기 때문일 것이다.

　이것은 비단 정치의 영역에만 적용되는 얘기는 아니다. 밀레니
얼들은 이제 숨기고 가리고 포장하는 것이 지겹다. 화장품 광고에
선 여전히 여신이 강림하고 의류 광고에선 8등신 황금 비율 모델
들이 등장하지만 그것이 현실이 아님을 그들은 확실히 안다. 그런
판타지를 내세우는 기업들이 부추기는 허상 때문에 요즘 애들이
얼마나 많은 강박을 겪어야 했는지 생각하면 그들의 마음을 읽을
수 있다. 이미 학창 시절을 부모 세대가 만든 시스템에 갇혀서 살
아온 밀레니얼 세대들은 그들이 주체적일 수 있게 된 소비 영역에
서만큼은 있는 그대로의 모습을 보여주는 진정성 있는 브랜드를
선택하길 원한다.

서현진이란 배우는 아마 10년 전만 해도
절대로 뜨지 못할 거라고 여겨지는 배우였을지 모른다.
자신의 외모를 한탄하면서 배우 생활을 접었을 수도 있다.
하지만 지금 서현진은 일상을 살아가는 우리들과
다르지 않은 존재로 온전히 사랑받고 있다.
이제 배우는 더 이상 동경의 대상이 아니다.
브랜드도 마찬가지 아닐까.
사치품이 아니라 필수품이 사랑받는 시대니까 말이다.

#code12

밥을 먹어야
꿈도 꾼다

현대카드가 잘나가던 시절, 삼성카드는 뭘 해도 현대카드에 밀리기 일쑤였다. 당시 현대캐피탈 광고를 담당하고 있던 나는 실무자들을 통해 건너 건너 현대카드의 정태영 부회장이 하던 이야기를 전해 들었다. 한번은 정회장이 삼성카드의 광고를 크게 칭찬했다고 하길래 궁금해서 그게 뭐냐고 물었더니 믿거나 말거나 이런 답변이 돌아왔다. "실용주의라는 키워드로 만든 광고라서…."

그때부터 실용적인 것에 열광하는 움직임이 시작됐던 것 같다. 시대가 그렇게 변하고 있음을 그리고 그런 세대들이 등장할 것임을 삼성카드도 알고 현대카드도 알고 있었던 것이다. 그리고 정말로 그런 시대가 도래했다. 동경보다는 실용이 대세가 된 요즘 애들에게는 막연하게 꿈꾸는 것보다는 당장의 실속이 우선이다. "네 꿈을 펼쳐라"는 말은 더 이상 동기부여가 되지 않는다. 요즘 애들은 밥을 먹어야 꿈도 꿀 수 있다고 믿기 때문이다.

#code12

실속 있는 움직임에 move

앞에서 말했던 '우유속에 어쩌구' 캠페인 얘기를 또 해보려 한다. 어쩌겠나? 밀레니얼 세대를 겨냥한 디지털 마케팅을 가장 강렬하게 경험한 작업이었기 때문에 할 말이 많은 것을. 이 캠페인을 진행할 당시 DA 광고(모바일 배너 광고)를 하게 됐다. DA 광고의 경우 TV 광고와 달리 메시지 내용에 따른 효과가 즉각적으로 측정된다는 특징이 있다. 광고주의 요청은 DA 광고를 세 개의 메시지로 나누어 진행해달라는 것이었다. 그 세 메시지를 직접 매체에 돌려 가장 클릭 수가 많은 것을 집행하겠다는 계획이었다.

TV 광고만 만들던 내 입장에선 정말 이해가 안 됐다. 오랜 경험으로 이 분야 전문가라 자처할 만한 카피라이터가 제안하는 하나의 정확한 메시지야말로 가장 강력한 마케팅 효과를 가져온다고 믿고 있었기 때문이다. 그런데 굳이 다양한 메시지로 나누고 매체를 돌리는 수고로움을 감수하면서까지 확인해보려는 이유가 뭘까. 의구심이 가득했지만 입 밖으로 내진 못하고 일단 시키는 대로 진행했다. 전략을 세 가지로 나눠 짜는 것도 쉽지 않았지만 각 방향에 맞는 카피를 세 종씩 총 아홉 종을 만들어야 했으니 참 죽을 맛이었다. 당시 우리가 제시한 세 가지 전략은 다음과 같았다.

1. '우유속에 한 글자' 캠페인의 재미를 강조한 카피로 사로잡기
2. 경품 광고로 어필하기
3. 대세감(너만 빼고 다 참여했어)을 심어주기

아무래도 다년간의 경험으로 볼 때 10~20대 타깃이라면 이벤트 자체의 재미를 강조한 첫 번째 전략이 분명 좋은 결과를 얻을 거라고 광고주에게 이야기했다. 하지만 광고주의 반응은 시큰둥했고 매체에서 반응을 확인한 결과 또한 나의 예상과는 정반대로 흘러갔다. 두 번째 전략, 실제 경품을 주는 광고가 가장 좋은 효과를

'우유속에 어쩌구' SNS 경품 이벤트

낸 것이다. 그것도 압도적으로 말이다.

옛날 같으면 저런 광고 따위는 절대로 만들지도 않았고 절대로 먹히지도 않았다. 너무 속물처럼 보이지 않는가? 하지만 그건 우리 세대 얘기였다. 우리의 관점으로 저들을 바라보면 기다리는 결과는 폭망뿐.

요즘 애들을 움직이게 만드는 것은 주변 사람들도 다 참여했으니 너도 해야 한다는 압박도 아니고, 행사가 재밌으니까 참여해보라는 순진한 말도 아니었다. 그들을 움직인 것은 그들에게 실질적으로 주어지는 무언가였다. 이렇게 밀레니얼 세대는 실속이 없다면 움직이지 않는다는 점을 분명히 알아야 여기에 맞는 정확한 전략을 세울 수 있다.

허세를 버리면 사람이 모인다

패션계의 아마존이라 불리는 무신사. 처음 무신사라는 이름을 들었을 때는 일본 브랜드인 줄 알았다. 알고 보니 '무지하게 신발 사진이 많은 곳'이란 뜻의 무신사는 한 고등학생이 '프리챌'이라는 커뮤니티에서 동호회로 시작한 브랜드로 운동화 마니아들을 위한 곳이었다. 당시 조만호 대표는 무신사를 단순 동호회에 머무르게 두지 않고 웹진으로 발전시켰다. 패션 정보를 수집하고 공유하

랭킹에 오르기만 해도 판매가 보장된다는 무신사의 광고

는 것은 물론 거기에 편집을 더해 읽기 쉽게 가공된 형태를 갖췄다. 물론 웹진만으로는 수익을 내기 어려웠고, 그래서 브랜드를 입점시키기 시작했다. 그는 이때부터 미디어 커머스를 생각하고 실천한 것이다.

그의 웹진은 단순히 정보만 얻고 가는 공간이 아니라 내가 본제품을 바로바로 구매할 수 있는 편리한 쇼핑몰로 기능하기 시작했다. 읽을거리와 볼거리 그리고 살거리가 함께 있는, 당시로서는 굉장히 새로운 형태의 공간인 셈이었다.

그가 그린 쇼핑몰의 첫 그림은 '온라인계의 분더샵'(신세계백화점이 운영하는 명품 편집숍)이 되는 것이었다. 처음에는 구하기 힘든 한정판 운동화 5족을 팔고 뿌듯해했지만 곧 그렇게 운영해서는 수익을 낼 수 없다는 사실을 깨달았다. 그래서 또 한 번 전략을 바꿨다.

멋진 브랜드, 남들은 모르는 허세 가득한 브랜드만 소개하는 것이 아니라 더 많은 사람들이 구매할 수 있도록 실속 있는 브랜드를 입점시키기로 한 것이다. 그렇게 진입 장벽을 낮춰 누구나 멋진 패션을 손쉽게 누릴 수 있는 무신사로 탈바꿈하자 10대부터 20대까지 많은 고객이 무신사에 뜨거운 관심을 보이기 시작했다.

그렇게 고객이 모이니 더 많은 브랜드가 모여들었다. 매장도 없고 브랜드도 알리지 못했던 사람들도 무신사에서 티셔츠를 팔기 시작했고 그에 반응하는 소비자들이 계속 유입되는 선순환이 생기자 메이저 브랜드들도 찾아왔다. 내가 고집하던 '가오'를 내려놓자 사람이 모이고 돈이 모이고 브랜드가 모인 것이다.

소매점은 죽지 않는다

디지털 시대에 들어서면서 전통적인 오프라인 매장들은 큰 위기를 겪고 있다. 이마트는 10여 년 만에 처음으로 CEO를 교체 투입했다. 자영업자들의 폐점율은 역대 최고치를 향해 치닫고 있다. 탄탄한 팬덤을 자랑하던 화장품 프랜차이즈들도 하나둘씩 문을 닫았다. 스킨푸드가 대표적인 예다. 지금 잘나가는 브랜드라 해도 위기감을 느끼기는 마찬가지다. 여자들의 놀이터라 불리는 올리브영도 지속적으로 매각 소문이 나온다.

오프라인 매장의 위기는 비단 한국만의 문제는 아니다. 미국에서도 월마트를 필두로 한 대형 마트들이 하나둘씩 어려움을 호소하고 있다. 이런 분위기에서 단연 돋보이는 브랜드가 바로 타깃 Target이다.

"타깃에 껌 사러 갔다가 TV를 샀다"는 말이 유행일 정도로 소비자들은 타깃을 한번 들어가면 헤어 나오기 힘든 개미지옥이라고 부른다. 아마존의 등장으로 그 막강한 월마트도 휘청하는데, 이 거센 바람 속에서도 타깃은 오히려 두각을 나타내고 있다.

타깃은 유명 부티크 브랜드의 고퀄리티 제품을 시중가보다 30% 이상 저렴하게 판매한다. 이방카 트럼프가 사 입었다는 17달러짜리 드레스를 사려는 고객이 줄을 선다. 세일 중인 제품은 매대에 아무렇게나 늘어놓고 소비자들이 보물찾기를 하듯 '득템'할 수 있게 한다. 계산대 앞에는 1~5달러짜리 초저가 상품을 진열해두는데, 주로 화려한 색감과 독특한 디자인의 장신구, 머그잔, 장난감 등이다. 계산하기 직전까지도 한두 개씩 장바구니에 담게 된다.

창고 형식의 대형 마트에서 탈피해 주 소비자인 밀레니얼 여성들에게 일종의 놀이터를 제공한 것이다. 단 하나의 물건을 사더라도 즐기면서 구경할 수 있는 매장으로 포지셔닝했다. 그리고 그 중심에는 갖고 싶은 브랜드 상품을 합리적인 가격에 구매할 수 있다는 가격 정책이 있었다. 실속 있는 초저가로 고객을 불러모으고 이를 통해 다른 상품까지도 둘러보게 만든다. 그렇게 타깃의 고객은 '호구'가 아닌 '스마트 컨슈머'로 거듭난다.

내 방 침대에 누워 손가락 하나만 까딱하면 초저가 상품을 구매하고 집까지 편안하게 배송받을 수 있는 시대. 합리적인 가격 제공은 선택이 아니라 필수다.

이제 와서 고백하자면 나는 밀레니얼들이 혐오하는 허세가 굉장히 중요한 가치이고 매력이라고 생각해온 세대다. 허세를 부려야 고객의 반응을 끌어낼 수 있다고 생각했다. 그런데 요즘 시대에는 이런 게 도무지 먹히지 않는다. 허세는 우스꽝스럽게 패러디되는 '올드함'으로 전락해버렸다. 한편으로 허무했다. 20년 가까이 그게 선이고, 그게 옳고, 그렇게 해야만 살아남을 수 있고, 그렇게 해야만 고객의 사랑을 받는다고 배우고 설파하며 살았으니 말이다. 갑자기 바뀌기가 좀처럼 쉽지 않다.

하지만 결국 무신사의 조 대표가 분더샵을 포기하고 지금의 대중 브랜드로 자리매김한 것처럼 나도 내가 '간지'라 믿었던 것을 포기하는 수밖에 없다. 내가 배워온 것, 체득해온 것들을 모두 내려놓을 때 비로소 밀레니얼들의 관심이 시작되지 않을까. 불과 몇 년 전까지만 해도 20대에게 가장 사랑받는 브랜드였던 모 카드회사의 지금 모습이 내 모습은 아닌지 돌아본다. 밀레니얼 세대에게는 실속이 중요하다. 되뇌고 또 되뇐다. 그들이 그렇다면 그런 거다.

혹시 헷갈릴 독자가 있을지도 모르겠다. 앞에서는 아무리 비싸도 희소한 것에는 아끼지 않고 돈을 지불하는 게 요즘 애들의 소비 패턴이라고 해놓고 여기서는 실속을 차려야 한다고 하니 말이다. 이해를 돕기 위해 우리 회사 직원 중 한 명의 예를 들어볼까 한다.

이제 갓 서른을 넘긴 이 남자 직원은 한겨울이면 패딩 안에 저렴한 브랜드의 티셔츠를 입고 다닌다. 바지도 마찬가지. 하지만 겨울 내내 교복처럼 입어야 하는 패딩은 세상에서 가장 비싼 브랜드 제품을 입는다. 이유가 궁금해 왜 그렇게 입냐고 물었더니 대답한다. "겨울 패션은 패딩이 다 하는 거죠."

우리 때는 패딩, 티셔츠, 바지는 물론이고 속옷까지도 모두 비싼 브랜드로 구입하는 건 물론 깔맞춤까지 했다. 그에 비해 요즘 애들은 선택과 집중이 확실하다. 실속 있는 상품에 열광하다가도, 가치가 있다고 여기는 건 남들은 쉽게 엄두가 안 날 만큼 값비싸도 구매한다. 자신을 표현하는 데는 아낌없지만 실속은 더 폭넓게 추구하는 것. 이것이 요즘 애들의 소비다.

되게 아끼던 (나만 그렇게 생각한) 후배에게
"잘나가는 네 SNS 페이지에 내 유튜브 채널 좀 소개해주면 안 되겠냐?"
이런 제안을 가볍게 한 적이 있다.
"저도 앞으로 유튜브를 할 거라서 소개해드릴 수 없어요."
단칼에 거절하는 대답에 갑자기 서운함이 밀려와 한마디 했다가
오히려 선을 좀 넘으신 것 같다는 면박만 듣고 말았다.
실속을 차리는 것도 좋지만 그래도 같이 돕고 살면 좋지 않냐는 말이
목구멍까지 치밀어 올랐지만 내뱉을 수 없었다.
나도 어쩔 수 없는 꼰대였다는 생각에 한동안 괴로웠다.
개인적인 친분을 이용해서 도움을 받으려고 하다니.

#code13

모두에게 사랑받으려 한다면
한 사람의 사랑도 얻을 수 없다

대기업 광고대행사를 다니면서 늘 마음속에 있었던 고민 중 하나는 '김동욱'이라는 자기다움, 개성이 점점 사라진다는 것이었다. 대기업은 모난 돌이 정 맞는 곳이어서 생각처럼 나답게 행동하기가 힘들었다. 회사의 규율, 회사가 정한 방침과 방향에 자꾸 나를 맞춰야 했다. 그러다 보니 회사 생활이 그다지 즐겁진 않았다. 나라는 사람의 생각은 없고 윗사람은 어떻게 생각하는지, 회사는 어떻게 생각하는지가 나를 좌우했다. 그사이 나라는 사람은 별로 행복하지가 않았다. 그나마 내 생각과 내가 좋아하는 것들을 블로그에 올리면서 조금은 숨통이 트였었다. 꾸준히 글을 올리다 보니 어느덧 내 글을 지지해주고 내 생각에 동의해주는 사람들이 생겼다. 팬이라며 나를 좋아해주는 사람들도 많아졌다. 이분들의 도움과 지지로 첫 번째 책도 출간할 수 있었다.

비단 사람만이 아니다. 브랜드도 제품도 자기만의 개성이 있다면 모든 사람의 사랑을 받지는 못해도 분명 그 개성을 좋아하고 소비하는 사람들이 존재한다. 개성, 자기다움을 갖느냐 마느냐, 그리고 그것을 포기하느냐 지켜내느냐가 밀레니얼 세대를 맞이하는 브랜드와 기업이 절대로 잊지 말아야 할, 경쟁에서 살아남을 수 있는 방법 중 하나일 것이다.

브랜드는 곧 나의 정체성

2015년 출시된 '피키캐스트'는 당시 10대들이 콘텐츠를 소비하기 위해 가장 많이 접속하는 앱이었다. 피키캐스트는 이들의 입맛에 맞게 재가공된 뉴스나 정보 등을 공급했다. 나는 이 브랜드의 TV 광고 경쟁 PT를 맡아 "우주의 얕은 지식"이라는 캠페인으로 소위 대박을 친 경험이 있다. 100만 다운로드를 넘어 무려 1,000만 다운로드라는 경이적인 스코어를 기록했다. 광고 하나로 구독자가 10배 이상 늘어난 셈이다. 덕분에 나를 찾는 곳도 많아졌고, 다니던 회사에서도 촉망받는 기획자로 거듭났다. '역시 대중적인 게 최고구나' 하며 여유 부리고 있을 때쯤, 우연히 피키캐스트 앱의 뉴스 콘텐츠에 달린 댓글을 보고 큰 충격을 받았다.

"우리끼리만 보던 곳이었는데 광고가 너무 잘돼서 아무나 막 들어오게 됐잖아. 아, 보기 싫어졌다. 피키."

피키가 온 국민이 사랑하는 브랜드가 되면 기존 이용자들도 좋아할 줄 알았는데, 오히려 열성 팬들이 이탈하는 현상이 나타났다. 실제로 피키캐스트는 모두를 위한 브랜드를 지향하면서 네 맛도 내 맛도 아닌 그저 평범한 브랜드로 전락하고 말았다. 원히트 원더를 낸 가수처럼 말이다. 이때의 10대가 지금의 소비 주체인 밀레니얼 세대들이다.

이들은 확실히 이전 세대와 다르다. 똑같은 옷을 입은 사람을 마주치면 이 옷이 트렌드고 유행이라고 생각하기보다 쪽팔려서 당장 갈아입고 싶다고 생각한다. 남들과는 다른, 차별화된 사람이고 싶은 게 요즘 애들이다. 모두가 사랑하는 브랜드를 나도 갖고 싶어하던 우리 세대와는 정반대다. 자신이 소비하는 브랜드로 자신의 개성과 정체성을 발현하는 셈이다.

개성이 강할수록 팬은 늘어난다

몰스킨이란 이상한 노트가 있다. 100쪽도 안 되는 손바닥만 한 크기에, 검은색 표지(때때로 다른 색도 있다. 하지만 겉표지에 멋들어진 그래픽이나 일러스트 같은 건 전혀 없다. 아무 그림도 없다) 무지 노트 세 권이 붙어 있는 게 1만 원이라고 한다. 동네 문방구에서 산다면 (물론 살 수 없지만) 3,000원이면 살 수 있는 걸 몰스킨은 1만 원에 판다. 물론 사람들은 비싼 줄 알면서도 산다. 몰스킨은 디지털 기기로 펜 없이도 메모할 수 있는 시대에 사양 산업이 되어가는 다이어리, 노

아이디어를 기록하는 몰스킨 다이어리

트 시장에서 연간 1,000만 권이 넘는 노트를 팔아치우고 있다. 심지어 나 역시 몰스킨은 필수품이다. 스마트폰, 패드, 노트북이 있어도 몰스킨이 떨어지면 꼭 채워 넣는다. 도대체 몰스킨의 매력이 뭐길래?

몰스킨은 단순히 스케줄을 기록하거나 메모를 하는 노트의 본질을 재조명해 창의성과 영감을 적는 책으로 노트를 재정의했다. 노트가 자기표현의 플랫폼이 된 것이다. 이와 함께 고객의 범위도 더 좁혔다. 모든 사람을 위한 것이 아니라 소위 '크리에이티브 클래스'라는 창의적인 일에 종사하는 사람들을 위한 브랜드로 이미지를 바꿔나갔다. 도시에 거주하는 교육 수준이 높은 엘리트를 타깃으로 예술가, 디자이너, 건축가, 작가 등 지성인과 몰스킨의 커넥

션을 끊임없이 만들고 전파했다. 몰스킨 지지자 중 하나인 에어비앤비 창업자 조 게비아는 "에어비앤비라는 사업을 구상하고 실현하는 데 필요한 것들은 몰스킨 다이어리에 기록한 아이디어에서 시작됐다"[20]고 전하면서 몰스킨에 대한 애정을 드러내기도 했다.

밀레니얼에게 몰스킨은 자신이 크리에이티브한 사람임을, 영감이 넘치는 사람임을 표현해주는 일종의 대변인이다. 남들과 다른 나만의 개성과 정체성을 보여주는 좋은 표현 수단인 셈이다. 유일무이한 정체성을 가진 브랜드의 팬이 되는 것을 밀레니얼들은 즐겁게 생각한다.

물론 2000년대 초반 내가 마케팅, 브랜딩을 공부할 때도 언급되던 마초들의 브랜드 할리데이비슨의 마니아 클럽 역시 지금도 잘 유지되면서 여전히 이 브랜드를 살리는 주 요인으로 자리 잡고 있다. 다만 밀레니얼 세대는 이런 개성 넘치는 브랜드 소비가 오토바이처럼 고가의 제품에만 국한되지 않고 내가 일상에서 사용하는 모든 브랜드로 이어진다. 이왕 돈 쓰는 거, 아무거나 사기보다 나만의 색을 표현할 수 있는 개성 있는 브랜드를 소비하고자 하는 것이 밀레니얼의 소비 욕구가 아닐까 생각한다.

덕질이 좋은 제품을 만든다

안경은 내 얼굴의 일부분이라고 해도 과언이 아닐 정도로 유재석과 뽀로로만큼이나 내 인상에 큰 영향을 끼친다. 누군가는 나더러 얼굴에 안경 문신을 하라고 농담 아닌 농담을 할 정도다. 그래서인지 안경에 굉장히 관심이 많은데, 나의 레이더에 걸린 안경 브랜드가 하나 있었으니 바로 프레임몬타나다. 40대 컨설턴트 출신 아재가 만든 브랜드다. 인스타그램으로 바이럴이 되면서 인기를 얻었고, 최근 들은 바에 의하면 월 4억 원의 매출을 올린다고 한다. 하지만 이렇게 많이 팔리기에 안경치곤 너무 비싸다. 보통 30~40만 원대인 안경이 이리도 잘 팔리는 이유는 뭘까?

프레임몬타나 매장에 가보면 금세 파악하겠지만, 젠틀몬스터처럼 화려하거나 놀랄 만한 디자인이 있는 것도 아니다. 그렇다고 안경 가짓수가 많은가? 그것도 아니다. 다만 이곳의 안경은 클래식이란 컨셉 아래 만들어졌다. 안경부터 안경집 그리고 패키지까지 어느 것 하나 클래식하지 않은 게 없다.

보통 이렇게 물건이 잘나가는 조짐이 보이면 판매자 입장에서는 욕심이 생긴다. '더 많은 사람에게 팔아야 할까?' 그 욕심에 대량생산이라는 과정을 거친다. 그렇게 좀 괜찮다 싶었던 개성 있고 차별화된 브랜드들이 어느 날 한순간에 사라져버린다. 그런 선례

를 수도 없이 봐서인지 프레임몬타나의 주인장은 한 인터뷰에서 이렇게 말했다. "오래오래 가는 브랜드가 되고 싶어요."[21]

오래가는 브랜드는 자신의 정체성을 쉽게 바꾸지 않는다. 그 정체성 안에서 안경의 세계를 넓힐 뿐이다. 잘된다고 대대적인 광고를 하지도 않는다. 그저 묵묵히 자기가 좋아하는 것, 자기가 잘하는 것에 집중할 뿐이다. 그는 SNS 게시물도 하루 세 개 이상 올리지 않는다고 한다. 쓸데없는 게시물을 만들고 싶지 않아서란다. 또한 모든 댓글에 답을 다는 서비스 정신, 아니 소통 정신을 보여준다.

프레임몬타나는 그들이 좋아하고 사랑하고 잘하는 것에 집중할 뿐인데 사람들이 몰려든다. BTS도 이 안경을 썼다고 한다. 요즘 애들이 이 클래식하고 빈티지한 안경에 애정을 보이는 이유는 뭘까? 아마도 안경에 대한 그의 '덕질' 때문 아닐까. 그는 좋아하는 안경을 통해 자신만의 길을 묵묵히 걸어가는 모습을 보여준다. 그래서 프레임몬타나를 쓴다는 건 트렌디한 안경을 쓰는 게 아니라 애정하는 대상에 진지하며 남다른 감각을 지닌 존재를 쓰는 것이다.

우리 편을 먼저 챙긴다

영국 출장 때 만난 기억에 남는 브랜드가 하나 있는데 지금까지 경험해보지 못한 놀라운 맛을 선보인 마마이트Marmite였다. 1902년에 만들어진 이 제품은 맥주를 발효시키고 남은 이스트로 만든 스프레드로 엄청 짠맛을 낸다. 맛이 하도 이상해서 싫어하는 사람도 많다고 한다. 한국 음식으로 비유해본다면 삭힌 홍어와 비슷할 것 같다. 나 또한 처음 마마이트를 빵에 발라서 먹었을 때 "이런 건 도대체 누가 먹는 거야?"라는 말이 절로 튀어나왔다.

그런데 마마이트의 광고도 맛에 버금가게 놀라웠다. 광고 슬로건이 "You either love it or hate it(미치도록 좋아하거나 미치도록 싫어하거나)"이다. "좋아하는 사람은 먹고 싫어하는 사람은 안 먹어도 됩니다."라고 말하는 카피다. 이런 태도를 담은 광고가 꽤 오래 유지돼왔다. 이 브랜드는 광고뿐 아니라 제품의 성분이나 패키지도 잘 바꾸지 않고 초기 마마이트의 정체성 그대로 100년째 운영하고 있다. 브랜드의 자신감이 시쳇말로 '쩌는' 그런 브랜드다.

　이 자신감은 우리 제품의 강점을 알아주는 고객을 우선으로 둔다는 철학에서 시작한다. 호불호가 명확한 특징을 가진 제품이기에 싫어하는 사람들의 입맛에 맞추기 위해 브랜드의 고유한 정체성을 바꾼다면 기존의 고객도 떠나고 새로운 고객도 유치하기 어렵다는 확고한 신념을 갖고 있는 것 같다.

진짜 맛집의 메뉴는 하나다

　누구나 이 말을 들어봤을 거다. '모두를 위한 모든 것이 되려 하면 누구에게도 어떤 것도 안 된다'.

　하지만 비즈니스를 하다 보면 이게 얼마나 지키기 힘든 원칙인지 알게 된다. 〈백종원의 골목식당〉을 보시라. 백종원 대표가 솔루션을 해주는 가게마다 메뉴가 어찌 그리도 많은지. 모든 사람을 위한 것을 해야 모든 사람을 잡을 수 있다고 생각하는 건 어쩌면 비즈니스 하는 사람들이 가장 흔히 하는 착각이다. 이렇게 메뉴 가짓수를 늘리고 타깃을 확산해 마케팅 초점을 분산시키는 가장 큰 이유는 바로 두려움이다. 특정 고객 집단에게 소외될까 염려한 나머지 마케팅을 위한 그물을 너무 넓게 펼치는 것이다.

대중적인 것이 유행이고 트렌드였던 시대에서 독특한 것이 선이고 미덕인 시대가 됐다. 트렌드는 남을 따라가는 게 아니라 나만의 것을 지키는 거라고들 한다. 양에서 질로 브랜드를 선택하는 기준도 바뀌고 있다. 이미 공급은 수요를 넘어섰고 뭔가가 생산됐다고 해서 바로 소비되는 시점은 지나도 한참 지났다. 개인의 취향이 질적인 차이를 만들어내는 시대가 왔다.

동글동글하고 모나지 않은 것의 최후는 평범함이다. 누구 하나 싫어하는 사람은 없지만 꼭 갖고 싶어서 발을 동동 구르며 그것 아니면 안 된다는 사람도 없는 평범한 브랜드들은 더 이상 살아남기 힘든 시대다. 옛 어른들 말은 역시나 틀린 게 없다고, 작은 고추가 매운 법이다. 작지만 매운 고추는 많이 팔리지는 않아도 꾸준히 매운맛을 갈망하는 이들에게 필요한 존재다. 아무리 작은 브랜드라도 자기만의 색과 맛이 강하다면 언젠가 팬이 생길 것이고 하루아침에 '국민 브랜드'가 되진 못해도 오래오래 살아남아 그 맛과 색에 빠져버린 이들에게 '최애템'으로 소비되는 영광을 누릴 것이다.

"모두를 위한 브랜드를 만들겠다."
"모두를 겨냥하는 마케팅을 하겠다."
이런 생각은 모두 어불성설이다.
그런 시대는 이제 없다.
모두 더 큰 파이를 먹고 싶다는 욕심일 뿐.
어쭙잖은 욕심이야말로 가장 경계해야 한다.
사업이든 인생이든 나를 사랑하는 대상,
나를 좋아할 만한 누군가가 우선이다.
브랜드도 마찬가지.
그러다 보면 좋아하는 사람은 저절로 늘어나게 마련이다.

Books

요즘 마케팅을 위한
기초 체력을 만들어주는 책들

BOOK 1

나답게 살고 일하는 방법에 대한 지침서

미노와 고스케, 『미치지 않고서야』(21세기북스, 2019)

이 책은 일본의 천재 편집자 미노와 고스케가 썼다. 고스케는 20대 중반에 이미 1년에 100만 부가 넘게 팔린 책을 기획했고, 내는 책마다 베스트셀러를 만드는 기발한 기획으로 일본에서는 꽤 유명한 젊은 편집자이자 기획자이자 셀럽이다.

편집자의 책을 왜 소개하느냐고? 당연히 편집 이야기를 하는 책이 아니기 때문이다. 이 책은 기획에 대한 내용을 담고 있다. 기획에 따라 마케팅이 달라지고 대중의 관심이 달라진다는 점, 다시 말해 시대가 사랑하는 '대박' 기획은 어떻게 하는지를 보여준다. 요즘을 콘텐츠의 시대라고도 하는데, 책도 하나의 콘텐츠다. 이 책의 경우 저자인 고스케 본인이 콘텐츠다. 그가 지닌 삶의 태도를 살펴보면 어떻게 좋은 기획을 하는지 알 수 있다.

첫 메시지부터 강렬하다. "일단 해보자."

물론 그다지 생소한 말은 아니다. 나이키의 "Just do it"이 자연스레 떠오른다. 그래도 이 책을 읽으면 이 말이 조금 다른 의미로 다가온다. '일단 해보자'는 저자의 삶을 관통하는 정신이다. 실제로 많은 사람들이 해보기 전에 머릿속에서 미리 포기를 한다. 일단 해보겠다는 '마음'은 누구나 갖지만 누구나 '행동'하지 못하는 이유는 그 시도가 원하는 결과를 만들어내지 못할지 모른다는, 미래에 대한 두려움 때문이다.

하지만 고스케는 후일을 생각하지 않고 일단 해본다. 미래는 누구도 알수 없다. 누구도 알 수 없는 걸 왜 미리 생각하는가? 저자는 그럴 필요가 없다고 말한다. 해봤는데 잘되지 않을 수도 있다. 실패할 수도 있다. 그렇다고 시도 자체가 의미 없지는 않다. 밭에 씨를 뿌려도 모든 씨앗이 다 열매를 맺는 건 아니지만, 그렇다고 씨를 뿌리지 않으면 단 하나의 열매도 얻을 수 없다. 저자가 말하는 '일단 해보자'는 씨를 뿌리는 것과 같은 맥락이다. 열매가 열릴지 안 열릴지는 인간의 몫이 아니다. 하지만 인간은 누구나 씨를 뿌려야 한다.

가장 흥미로웠던 부분 중 하나는 이거였다. "브랜드를 벌고 미래를 벌어라."

'나'라는 개인 브랜드를 키워야 미래를 벌 수 있다는 얘기다. 저자는 어느 날 '나는 왜 겐토샤(저자의 직장)를 그만두지 않을까?' 하고 스스로에게 물어본다. 거기에 대한 답은 이랬다.

'회사라는 조직은 인재, 자본, 인프라를 모두 갖추고 있다. 도쿄 도심의 가장 좋은 땅에 자리 잡은 빌딩에서 책상은 물론 회의실을 공짜로 사용한다. 컴퓨터 사용료나 복사비, 택시비, 택배비도 회사가 내준다. 외부에서 저자와 만날 때 마시는 음료 영수증도 처리해준다. 신간을 내면 영업부가 전국 서점을 돌며 홍보해준다. 디자인팀과 함께 광고를 만들어 신문광고도 낸다. 아마 프리랜서였다면 이 모든 걸 본인이 부담해야 했을 것이다.'

회사에 몸담고 있다는 것의 장점이다. 그러면서 그는 회사의 인프라를 잘 이용해 자신만의 브랜딩을 하라고 말한다. 회사라는 무대에서 돈이 아니라 나 자신, 미노와 고스케라는 브랜드를 계속 쌓는 작업들을 하라고 조언하는 것이다. 퇴사 이후의 삶을 지금, 회사를 다니는 동안 준비해야 한다고 말한다.

이것은 곧 이 책의 핵심 주제와도 통한다. 바로 "개인을 세우는 법, 이름을 팔아라"다. 저자는 자신이 어떤 사람인지, 무슨 일을 하는지 명확하게 답

할 수 있는 인간이 되라고 말한다. 자신의 이름을 팔아야 나라는 브랜드에 사람과 돈이 따라온다는 것이다. 그러면서 어떻게 이름을 파는지, 그 구체적인 방법을 소개한다.

대부분의 사람들이 하는 실수 중에 하나는 실력만 키우면 대단한 사람이 될 수 있다고 생각하는 거라고 저자는 지적한다. 하지만 실력 있는 사람은 차고 넘친다. 상위 1%의 진짜 천재를 빼고는 모두 대체 가능하다. '실력보다 평판' '매출보다 전설'. 고스케는 극단적으로 말해 이런 남다른 삶의 방식이 사람들을 매료시킨다고 말한다. 그보다 편집을 잘하는 편집자는 얼마든지 있지만 그처럼 흐름을 만들고 열광을 일으키는 편집자, 기획자는 없다는 것이다. 예전에는 실력 있는 사람이 능력자로 인정받아 유명해졌다면 요즘은 유명한 사람이 곧 실력자라고 고스케는 강하게 주장한다.

다시 말해 이 책은 지난 시대의 패러다임과는 다른, 새로운 패러다임의 시대를 살고 있는 이들이 살아남는 법, 자신만의 콘텐츠를 만드는 법, '나답게' 사는 법을 가르쳐준다. 나답게 살면 돈과 명예 그리고 콘텐츠는 저절로 따라온다고 그는 말한다. 내 생각과 태도가 나를 이끄는 삶. 결국 그가 말하는 건 남에게 이끌려 살지 말고 내가 이끄는 삶을 살라는 메시지 아닐까.

BOOK 2

말 잘하는 최고의 비결이 담겨 있는 책

셀레스트 헤들리, 『말센스』(스몰빅라이프, 2019)

인터넷과 SNS의 발달로 우리의 인간관계는 이전보다 훨씬 다양해지고 폭넓어졌지만 역설적이게도 우리의 소통 능력은 오히려 더 퇴화하고 외로움은 더 커지고 있다. SNS로 눈을 보지 않고 이야기하는 데 익숙해져서 그런지 전화 통화조차 두려워하는 사람도 많고 이별조차 짧은 문자로 하는 비겁한 커뮤니케이션도 너무나 많다.

이 책은 꼭 필요한 말은 하기 어렵고 하지 못하는 시대, 그렇지만 쓸데없는 말은 과잉된 요즘 시대에 어떻게 말해야 상대의 마음을 얻고 소통을 잘할 수 있는지 알려준다. 옛날부터 말 한 마디가 천 냥 빚도 갚아준다지 않던가. 이 책을 읽으면 닫혀 있던 상대의 마음이 당신을 향해 활짝 열리는 놀라운 경험을 할 수 있다.

먼저 말센스를 높이는 첫 번째 방법은 "주인공이 되고 싶은 욕구를 참아낸다"다.

무슨 소리냐면, 우리는 누군가와 이야기할 때 상대와 대화한다기보다 내가 하고 싶은 말을 하기 바쁘다. 상대가 보고 느끼고 생각하는 걸 늘 나와 결부해 이야기하려 한다. 이러면 상대를 제대로 이해할 수 없다. 나에 대한 이야기에서는 내가 주인공이지만 상대에 대한 이야기에서는 상대가 주인공이 돼야 한다.

예를 들면 이런 거다. 저자는 아버지의 죽음으로 괴로워하는 친구를 위로한답시고 9개월이었던 자신을 두고 익사한 자기 아버지의 이야기를 했다고 한다. 나도 비슷한 일을 겪어봐서 너의 기분을 이해한다는 말을 하고 싶었던 것이다. 그런데 저자의 이야기를 들은 친구는 이렇게 대꾸했다고 한다.

"좋아, 셀레스트 네가 이겼어. 너는 아버지를 알지도 못했지만, 나는 아버지와 최소 30년 이상을 함께 보냈으니, 네 상황이 더 안 좋은 거야. 그러니 아버지가 돌아가셨다고 해서 내가 기분 상할 필요는 없겠지."

저자는 엄청나게 당황해 변명을 했다.

"아냐 아냐 그런 뜻으로 한 말이 절대 아냐, 나는 그저 네 기분을 이해한다고 말하고 싶었던 것뿐이야."

저자는 그저 이런 상황에서 무슨 말을 해야 할지 몰랐기 때문에 자신이 편안하게 느끼는 주제, 즉 자기 자신에 대한 이야기를 늘어놓았다. 의식적인 수준에서는 친구와 공감하려고 노력하고 있었는지 모르지만, 실제로 저자가 행한 건 친구의 고통에서 관심을 끌어와 본인에게 집중시킨 게 전부였다.

대부분의 사람들이 위로랍시고 자신의 이야기나 경험을 공유하는 행위가 좋은 의도와는 달리 정반대 효과를 낸다는 걸 잘 모른다. 어려움에 처한 사람들이 필요로 하는 건 그들의 이야기에 귀를 기울여주고 그들의 경험에 공감해주는 것이다. 그저 듣고 고개를 끄덕여주기만을 원한다는 말이다.

인간은 말하는 시간의 60% 동안 자신의 이야기를 한다고 한다. 그럼 나머지 40%는 다른 사람의 이야기를 들을까? 대답은 '아니요'다. 그 40%는 남의 이야기를 한다고 한다. 그럼 우리가 해야 할 일은 뭘까? 나에 대해 이야기하려는 본능을 줄이고 상대방이 이야기를 계속할 수 있도록 노력하는 것. 더 적게 말하고 더 많이 듣기 위해 의식적으로 노력하라. 이것이 저자가 제일 먼저 언급한 말센스다.

로마의 정치가이자 철학자인 카토도 이렇게 말했다.

"나는 말하는 것이 침묵하는 것보다 좋다는 확신이 들 때에만 말한다."

침묵을 통한 공감이야말로 가장 완벽한 대화의 기술이라고 저자는 말한다.

말센스를 높이는 두 번째 방법은 "대충 아는 것을 잘 아는 척하지 않는다"다.

부연하자면 실수를 그리고 모르는 것을 인정하는 거다. 가보지도 않은 여행지에 가본 것처럼 말하지 않고 보지 않은 영화를 본 것처럼 말하지 않는다. 저자는 모르는 것은 부끄러운 것이 아니라고 말한다. 진짜로 부끄러운 것은 모르는 것을 아는 척하는 것이라고.

2009년 도미노피자의 사례도 실수를 인정하는 것의 위대한 힘을 잘 보여준다. 당시 도미노피자는 위기에 처해 있었다. 피자 맛도 형편없고, 매장 서비스도 문제가 많았고, 이런저런 회사의 문제들로 주가는 곤두박질치고 있었다. 위기를 돌파하기 위해 도미노피자는 소비자들이 지적한 문제들을 '그대로 인정하는 것'을 광고 캠페인의 핵심 전략으로 내세웠다. 평생 먹어 본 피자 중 최악의 맛이거나 맛이 아예 안 난다고 불평하는 고객들의 말을 고스란히 광고에 내보낸 다음 영상 막바지에 새로운 조리법을 고안했다는 사실을 알리면서 한 번만 더 기회를 달라고 호소했다.

이후 도미노피자의 주가는 130%나 급등했다. 이 광고에 대해 모건스탠리의 존 글래스는 이렇게 평가하기도 했다.

"사람들은 광고에 등장하는 거짓말에 신물이 나 있었습니다. 솔직함이

통한 것이지요."

요즘은 그 어느 때보다 진정성의 시대다. 그래서인지 저자는 정확히 알지 못하는 사실에 대해 말하는 것을 피하라고 강하게 주지한다. 아주 약간의 지식만 가지고 있는 주제에 의견을 제시하는 것도 금물이다.

잘 알지 못하면서 잘 아는 것처럼 전문가인 척하고 싶은 유혹은 특히 비즈니스를 할 때 더 강하게 나타난다. 광고 마케터처럼 불특정 다수를 상대하는 사람들은 더 심하다. 그래서 잘 몰라도 목소리 큰 사람들의 의견을 따라가는 경우도 많았다. '믿는 구석이 있으니 저렇게 자신 있겠지' 하며 따라갔다.

하지만 요즘은 아니다. 저자는 "잘 모릅니다"라고 말하는 법부터 배워야 한다고 말한다. 대화는 관계의 기반이고 관계는 신뢰를 토대로 한다. 잘 모를 때 모른다고 말하면 나와 상대의 유대감이 강화된다. 지식의 한계에 더 솔직해지면 솔직해질수록 사람들이 내 의견에 더 무게를 둔다는 사실도 발견하게 될 것이다. 또한 솔직함은 더 많은 배움과 성장으로 향하는 문이 돼주기도 한다.

마지막으로 저자는 "잡초밭에 들어가 배회하지 말라"고 말한다.

'잡초밭'이란 불필요한 내용을 시시콜콜 떠들어대는 행위를 뜻한다. 잡초밭에 빠지면 대화는 중심을 잃고 무의미한 이야기만 난무하게 된다. 따라서 저자는 알고 있는 모든 것을 이야기하려는 욕구를 자제하라고 말한다.

정신과 의사인 마크 고울스톤은 대화에서 40초 이상 말을 늘어놓을 경우 대화가 일방적인 독백으로 변질된다고 주장한다. 그는 대화의 처음 20초를 녹색 신호등에 비유한다. 그 20초 동안에는 서로가 호감을 가지고 상대가 하는 말을 주의 깊게 듣는다. 하지만 나머지 20초는 노란 신호등이다. 20초가 지나면 듣는 이는 점점 흥미를 잃으면서 상대방의 말이 너무 장황하다고 느끼기 시작한다는 것이다.

서로 공감할 수 있고 유익한 의견 교환을 하려면 사소한 내용을 언급하는 일은 되도록 피하는 편이 좋다고 저자는 조언한다. 대신 우리에게 주어진 20초를 잘 이용해 할 말을 다 해야 한다. 그럼 대화를 잘하는 사람으로 주변의 인정을 받을 수 있을 거다.

잊지 말자. 공감의 시대에 공감만큼 위대한 말센스는 없다. 이것만 기억해도 말센스가 있는 사람으로 거듭날 수 있다.

BOOK 3

잘 팔리는 제품을 만드는 글쓰기 비법서

정철, 『카피책』(허밍버드, 2016)

『카피책』의 저자인 정철 선생은 대통령의 카피라이터로 유명하다. 지난 대선의 슬로건이었던 "사람이 먼저다"라는 카피를 쓰기도 했다. 2016년 출간돼 이미 몇 년 지난 책인데도 요즘 시대 마케터들에게 도움이 될 요소들이 많아서 소개한다.

"라떼는 말이야" 광고 카피는 대부분 광고대행사의 카피라이터들이 썼다. 하지만 요즘은 모두가 마케터가 돼야 하는 시대다. 카페를 하든 식당을 하든 뭔가를 파는, 팔리는 문구를 써야 할 일이 너 나 할 것 없이 많아졌다. 다시 말해 모두가 카피라이터가 돼야 하고 될 수 있다는 뜻이다. 이 책에는 모든 사람이 카피라이터가 될 수 있는 방법이 들어 있다.

그 첫 번째 방법. "글자로 그림을 그리십시오."

예를 들어 '용인의 집값이 싸다'는 메시지를 전하고 싶을 때 "용인에 집 사고 남은 돈으로 아내 차 뽑아줬다" 같은 카피를 쓰면 소비자에게 훨씬 쉽게 다가갈 수 있다는 것이다. 구체적인 카피는 소비자에게 많은 생각, 깊은 생각을 강요하지 않는다. 생각을 하지 않아도 그냥 그림이 보이기 때문이다.

두 번째는 "말과 글 가지고 장난을 치십시오"다. 엄숙주의와 결별하고 말장난을 즐기라는 얘기다. 흔히들 말장난을 '언어유희'라는 고상한 말로 포장하려 하는데, 저자는 그냥 말장난이라는 말이 좋다고 말한다. 그런 글을 쓸 때는 정말 장난하듯 쓴다는 것이다. 우리말을 주재료로 요리를 만드는 카피라이터라면 이 재밌는 놀이를 놓치지 말라고 조언한다.

> "넌 못해
> 넌 못할 거야
> 넌 못할 줄 알았어
> 가슴에 못을 박는 말입니다
> 못은 가슴이 아니라 벽에 박는 물건입니다"

저자가 든 예시다. 말장난으로 재미를 주면서도 의미가 결코 가볍지 않은 글을 쓸 수 있음을 보여준다.

또 "도둑질을 권장함, 경찰을 두려워하지 마십시오"라는 방법도 전한다.

카피를 나 혼자 만들어내고 생각해내는 것도 좋지만 과감하게 남의 것을 훔쳐도 된다는 얘기다. 훔쳐와서 아이디어의 재료로 사용하라고 저자는 조언한다. 법전, 역사, 문학, 노래, 책, 연극, 영화, 전설, 속담, 격언, 논문, 개그, 드라마, 만화, 뉴스, 광고, 그림, 사진, 조각, 화장실 벽에 붙은 낙서도 좋다. 이 시대 사람들이 주목하고 있는 이슈들로 자신의 광고 카피, 자신의 브랜드 카피를 한번 써보라고 권한다.

"제품을 향해 달려가는 광고, 죽 쒀서 강아지 주지 마십시오"라는 얘기도 주목할 만하다.

광고 카피를 쓸 때는 사람들의 이목을 끌 수 있는 카피인 동시에 광고와 제품을 이어주는 고리가 카피가 돼야 한다고 말한다. 예를 들어 예전에 "따봉"이라는 카피를 쓴 광고가 있었는데, 사람들은 "따봉"은 기억했지만 그 제품이 어떤 것이었는지 브랜드 네임을 기억하는 사람은 거의 없었다. 저자는 광고는 아는데 제품이 생각나지 않는다면 그 광고는 0점이라고 말한다.

그게 뭐든 광고와 제품을 이어주는 고리 하나쯤은 반드시 있어야 한다.

이런 관점에서 이 법칙을 잘 이행하고 있는 광고가 하나 있다. 바로 전지현이 나오는 BHC 광고다. 광고 마지막은 늘 "전지현 C, BHC"로 끝난다. 전지현은 광고계에서도 톱 모델이다. 그가 얼마나 많은 광고를 찍었을까? 전지현이 출연한 광고 중 브랜드가 기억나는 건 그렇게 많지 않을 거다. 하지만 BHC 광고는 그 어려운 일을 해냈다. 카피와 제품에 연결 고리가 있어야 한다는 말은 어렵지만 반드시 지켜야 하는 중요한 법칙이다.

마지막으로 소개하고 싶은 카피 쓰는 법은 "브랜드 네임에서 아이디어를 찾으십시오"다.

당시 저자는 "요즘 눈에 띄는 카피가 뭐죠?"라는 질문을 받자마자 결혼 정보회사 듀오의 카피 "결혼해 듀오"라고 대답했다. 카피만 봐도 브랜드가 뭔지, 카피가 전하려는 내용이 뭔지, 카피를 쓴 회사가 뭘 하는 회사인지도 다 기억하게 만들기 때문이다. 단 다섯 글자 속에 브랜드 네임과 브랜드가 하는 일이 담겨 있고, 모름지기 카피란 이래야 명쾌하게 핵심이 전달된다는 얘기다.

정리해보자면,

첫째, 글자로 그림을 그리자.
둘째, 말장난을 하자.
셋째, 카피 도둑질을 하자.
넷째, 제품을 향해 달려가는 카피를 쓰자.
다섯째, 브랜드 네임에서 카피를 찾자.

이 다섯 가지 팁만 잘 기억해도 이전보다 더 좋은 카피를 쓸 수 있을 것이다. 훌륭한 세일즈맨이 되는 길은 한 끗 차이의 디테일에서 나온다.

BOOK 4

밀레니얼과 함께 일하는 상사라면 반드시 읽어야 할 책

킴 스콧, 『실리콘밸리의 팀장들』(청림출판, 2019)

브라이언에잇이라는 작은 광고대행사를 하면서 제일 큰 걱정 중 하나는 '내가 과연 밀레니얼 세대 직원들과 잘해나갈 수 있을까?'였다. 예전 대기업에서 팀장으로 있을 때는 바로 한 살 아래 후배, 5살 차이 나는 후배 등 밀레니얼 세대와 나의 사이를 메꿔줄 수 있는 사람들이 있었다. 그래서 내가 그들과 직접 부딪히며 할 일이 많지 않았다. 그런데 작은 회사의 대표가 되고 보니 나와 젊은 직원 사이를 메꿔줄 인원을 뽑을 여력도 없고, 그러다 보니 자연스럽게 그들과 직접 이야기하고 지시하며 함께 일할 수밖에 없었다. 그들과 어떻게 이 치열한 광고업계의 경쟁을 뚫고 성과를 내고 회사를 성장시킬 수 있을지 너무나 막막했다.

이때 내게 한 줄기 빛과 같은 책이 있었으니 바로 이 책 『실리콘밸리의 팀장들』이다. 저자인 킴 스콧은 미국의 IT 사업가다. 구글에서 애드센스를 담당했던 팀장이었고, 애플대학에서 애플 직원들을 가르치는 교수였던 그는 구글과 페이스북 그리고 애플은 도대체 밀레니얼들과 어떻게 일을 하고 그들의 리더가 되려면 어떤 자질을 가지고 있어야 하는지 이 책에서 자세하게 기술하고 있다.

그가 동기부여를 받았던 롤 모델이 세 명 있는데, 구글 창업자인 래리 페이지와 애플 스티브 잡스, 마지막으로 자신의 구글 시절 상사였던 셰릴 샌

드버그다. 이들이 직원들과 일하는 태도, 직원들이 그들을 대하는 태도가 바로 구글과 애플의 일하는 문화가 되었다고 한다.

이 책에서 가장 인상 깊었던 것 중 하나는 구글에서 페이지와 그의 직원이 벌이는 격렬한 논쟁이었다. 페이지는 직원이 낸 계획과는 다른 미묘한 계획을 내놓았고 같은 팀에 있던 맷이라는 직원은 페이지의 의견에 필사적으로 반대했다. 서로 자신의 의견을 조금도 굽히지 않았고 소리를 질렀으며 심지어 맷이라는 직원은 페이지의 계획은 회사에 엄청난 쓰레기를 안겨줄 거라는 비난도 서슴지 않았다. 하지만 페이지는 오히려 미소를 보이며 맷의 비난을 유연하게 받아들인다. 저자는 이런 페이지의 개방성이야말로 구글의 팀 문화를 보여주는 전형이라고 말한다. 이 같은 의견 충돌은 직원과 팀장 간의 철저한 신뢰가 바탕이 되지 않으면 일어나지 않는다는 것이다. 이런 직접적인 대립이야말로 팀과 회사를 건강하게 만드는 중요한 핵심이라고 강조한다. 저자는 이것을 '완전한 솔직함'이라는 말로 표현한다(이 책의 원제는 'radical candor', 급진적인 솔직함이라는 뜻이다). 즉, 이 책을 관통하고 있는 메시지는 팀장과 직원이 서로 완벽하게 솔직해야 한다는 것이다. 쉽게 말해 일 앞에서는 지적이나 피드백을 스스럼없이 줄 수 있는 조직을 만들어야 한다. 그래야 조직이 건강해지며 상호간 피드백을 통해 성과가 나오고 문제가 해결된다고 한다.

좀 더 구체적으로 이 책에서 최고의 상사는 세 가지를 잘한다고 말한다.

첫 번째는 조언이다. 영어로는 guidance, 책에서는 피드백이라고 말한다. 보통의 상사들은 직원들에게 칭찬과 지적이 섞여 있는 피드백을 해주기를 두려워한다. '상대가 실망한다면?' '울음을 터뜨린다면?' '받아들이지 않거나 해결책을 찾아내지 못한다면?' '그게 문제라는 걸 왜 모르지? 일일이 다 말해줘야 하나?' 등등 여러 가지 고민들이 피드백을 하기에 앞서 떠오르기 때문이다. 하지만 좋은 상사는 이런 피드백을 완전한 솔직함으로 대해야 한다고 이 책은 말한다.

두 번째는 팀 구축, 즉 적재적소에 올바른 사람을 앉히는 일이다. 올바른 자리에 사람을 앉힌 후엔 어떻게 동기를 부여할지 고민해야 한다고 저자는 말한다.

마지막으로 이렇게 적재적소에 배치된 이들에게 동기를 부여해 결국엔 성과를 만들어내는 것이 상사가 해야 할 일이다.

이 세 가지는 어찌 보면 하나의 프로세스다. 조언과 피드백을 잘해야 직원들에게 동기부여가 되고 소통이 잘되며 어떤 자리에 누가 필요하고 누가 더 잘 맞는지를 좀 더 면밀하게 파악할 수 있다. 그럼 성과는 저절로 난다. 이 모든 프로세스의 본질은 결국 첫 번째 얘기한 피드백이라고 저자는 주장한다.

그렇다면 피드백을 줄 때 상사가 가져야 할 태도, 반대로 동기부여를 받는 직원들이 가져야 할 올바른 태도는 무엇일까? 이 역시 완전한 솔직함이라고 저자는 말한다. 완전한 솔직함으로 서로 소통하는 관계를 만들려면 상사는 자기 모습을 있는 그대로 드러내고 모든 직원에게 개인적 관심을 기울여야 한다. 여기서 개인적 관심이란 'care personality'라고 하는데, 즉 개인의 정체성을 신경 써줘야 한다는 것이다.

또한 성과가 좋을 때나 나쁠 때나 직원에게 피드백을 전하는 노력이 중요하다. 힘든 피드백을 전하고 팀 내에서 힘든 역할을 나누고 높은 성과 기준을 세우는 것도 모두 완벽한 솔직함이 있어야 이뤄낼 수 있다. 힘든 피드백을 전달하려는 노력이야말로 상사가 직원에게 개인적 관심을 갖고 있다는 사실을 보여줄 수 있는 가장 좋은 방법이라고 저자는 말한다. 저자는 이를 '직접적 대립'이라 부른다. 아마도 한국의 현실에선 이런 게 잘 안 통할 거라고 생각하는 사람도 많을 거다. 하지만 이 책을 읽으면서 그리고 밀레니얼 세대 직원들과 일하면서 느낀 것은 한국의 밀레니얼 세대나 미국의 직원들이나 별반 다르지 않다는 것이다. 우리 직원들이 나에게 가장 기대하는 부분은 자신이 틀렸는지 맞았는지 확인하고 싶은 마음, 즉 피드백을 받고 싶은 마음이라고 누우이 말했다. 요즘 애들은 생각보다 훨씬 더 열려 있고 조언에 익숙한 세대라고 이 책을 읽으면서 생각했다.

다만 저자는 피드백이 감정적이거나 상사의 우월감에서 나와서는 안 되며 상호간 철저한 존중을 기반으로 피드백이 오가야 한다고 말한다. 이를 위해 저자가 추천하는 전제는 상사 혹은 나 같은 대표가 먼저 지적을 받는 것이다. 상사가 지적받는 것을 잘해내야 직원들도 지적받는 것을 자연스럽게 생각한다고 저자는 말한다.

밀레니얼 세대들이 말하는 공정과 공평 그리고 수평적 조직 문화가 바로 이런 거 아닐까? 그저 영어로 이름을 붙이고 직급을 없애서 무슨 님 하고 호칭 없이 부른다고 해서 수평적 조직 문화가 생긴다고 생각하는 것이야말로 실리콘밸리의 조직 문화를 수박 겉핥기식으로 받아들이는 것이다. 지위 고하를 막론하고 자신의 의견을 거침없이 말할 수 있는 문화, 상대가 누구든 자유롭게 칭찬과 지적을 할 수 있는 조직이 바로 수평적 조직이고 그런 조직 문화 아래서 좋은 성과가 나오는 건 너무나 당연하다고 이 책은 증명해주고 있다.

BOOK 5

작은 가게도 성공시키는 마케팅 비법

이승민, 『마케팅 때문에 고민입니다』(이코노믹북스, 2019)

이 책은 디지털 시대에 비지니스를 하는 사람이라면 누구나 꼭 읽어봐야 할 마케팅의 교과서다. 디지털 시대의 문이 열리면서 유통 진입 장벽은 낮아졌고, 그로 인해 기회는 더 많아졌으나, 반대급부로 경쟁은 더 치열해졌다. 맨손으로 몇 년 만에 몇 천억의 회사를 일구기도 하지만 반대로 소리 소문 없이 사라지는 회사도 많다. 제품과 서비스가 좋다고 해서 고객들이 찾아줄 거라고 생각한다면 너무 순진한 거다. 요즘은 마케팅을 하지 않으면 아무리 좋은 제품과 서비스라도 소비자들의 외면을 받기 십상이다. 골목에 있는 작은 가게라 할지라도 마케팅을 해야 한다. 마케팅은 이제 돈을 버는 행위를 하는 사람이라면 누구나 필수적으로 고민해야 하고, 더 나아가 대한민국 누구나 공부해야 할 과목이기도 하다.

이 책의 저자는 하나의 사업 혹은 프로젝트를 처음부터 끝까지 어떻게 마케팅해야 하는지를 자세하게 설명해놓았다. 가장 기본적인 프로세스는 다음과 같다.

첫째, 잠재 고객을 파악한다.

둘째, 나와의 만남, 즉 유입 방문을 일으킨다.

셋째, 내 것을 구매하게 한다. 즉, 구매로 전환시킨다.

넷째, 만족했을 경우 재방문하게 만든다.

이 네 가지 단계를 거쳐야 사업체가 살아남을 수 있고 성공한 마케팅을 할 수 있다고 그의 경험에 반추해 말한다.

먼저 잠재 고객을 파악하는 것. 사업하는 사람이나 사업을 시작하려는 사람 혹은 회사에서 마케팅하는 사람도 자신의 잠재 고객을 정확히 파악하지 않고 무턱대고 하는 경우가 많다. 유동 인구는 얼마나 되는지, 내가 판매하는 것을 소비할 수 있는 사람이 있는지 등 잠재 고객을 누구로 정의할 것인지는 마케팅 전략을 수립하기 전에 가장 공들여 신중히 탐구해야 할 부분이라고 저자는 말한다. 예를 들어 똑같은 안과라도 주변 안질환자들을 잠재 고객으로 삼을지, 전국 라식 수술 대상자를 잠재 고객으로 삼을지, 중국인을 타깃으로 할지에 따라 전략은 완전히 달라져야 한다는 것이다.

다음으로 잠재 고객의 유입량을 올려야 한다. 그러기 위해 저자는 고객에게 감정이입을 하라고 권한다. 고객을 이해하라는 것이다. "어떤 사람들이 우리 상품을 원할까?" "우리 상품이 필요한 사람들은 어떤 게 가장 괴롭고 불편할까?" "우리 상품을 원할 만한 사람들이 우리 상품 대신 고를 만한 대체 상품들은 뭐가 있을까?" 이런 식으로 잠재 고객의 머릿속을 잘 이해할수록 마케팅에 성공할 확률도 높아진다.

세 번째로 유입된 고객들에게 구매 전환을 일으켜야 한다. 저자는 구매 전환율을 높여주는 콘텐츠는 바로 "내 얘기가 아니라 그들이 원하는 이야기"를 하는 것이라고 말한다. 콘텐츠를 만들 때 대부분 내 제품의 장점을 나열하기 급급한데, 그러지 말고 고객의 고민을 충분히 이해하는 콘텐츠를 만들라는 것이다. 즉, 공감이 있는 콘텐츠가 필요하다.

마지막으로 재방문하게 만들라. 개인적으로는 이 부분이 가장 인상적이었다. 마케팅을 오래 한 사람들도 간과하고 있는 실전 팁 같은 것이기 때문이다. 누구나 마케팅 비용을 들여서 소비자가 가게를 한 번 정도 방문하게 할 수는 있다. 그럼 앞에서도 말한 '개업발'로 처음엔 잘되는 것 같아 보인다. 나도 여기에 속았었다. 그런데 진짜로 가게가 오래가려면 방문했던 사람들의 방문, 즉 재방문율이 높아야 한다고 저자는 말한다. 단골을 늘려야 한다는 것이다. 그러기 위해서는 제품 자체도 중요하지만 방문했을 때 그 고객이 '아 여기 오길 잘했다' 하고 느낄 수 있게 해줘야 한다고 지적한다.

그 방법 중 하나가 바로 매장 내부 광고다. 속이 편한 음식을 찾다가 콩비지 찌개를 먹으러 왔는데 벽에 '우리 가게가 사용하는 콩비지의 특별함과 효능'이 적혀 있는 걸 보면 어떨까? 설렁탕 한 그릇 먹으러 갔을 뿐인데 50년 동안 대대손손 물려받은 가마솥 앞에서 찍은 주인장들의 흑백사진과 특별한 사골 국물의 비법이 적힌 글을 보게 된다면? 겨우 9,000원 투자했을 뿐인데 오랜 역사를 지닌 귀한 것을 먹는다는 느낌이 들지 않을까?

정말 놀라운 책이다. 이 저자야말로 마케팅계의 백종원이었다. 특히나 이 책에는 소자본으로 창업한 분들에게 필요한 실전 비법이 가득 들어 있다. 뿐만 아니라 디지털 미디어 활용법도 자세하게 다루고 있으니 꼭 참고해보시길.

공부해도 안 되는 건 안 되더라

이 책을 다 쓴 나는 새로운 세대에 대한 분석이 완벽히 끝났다고 말할 수 있을까?

아니, 확신 대신 자신만 조금 생겼을 뿐 난 아직도 그들이 좋아하는 게 뭔지 모르겠고 아직도 헷갈린다. 책까지 썼으면서 모르냐고 질책해도 할 수 없다. 죽었다 다시 태어나도 모를 거다(죽었다 다시 태어나면 나는 또 새로운 이름의 세대로 불리고 있을 테니).

하지만 이 책을 쓰면서 얻게 된 확신 하나가 있다. 안 되는 건 공부해도 안 된다.

우리 세대는 참 이상하다. 안 되는 걸 잘 못 견딘다. 나도 그랬다. "안 되는 게 어딨어?"라는 말을 귀에 딱지 앉도록 듣고 자랐다. 선배들은 안 되는 것도 되게 만드는 사람들이었고, 안 되는 걸 안 된다고 말하면 무능하다고 낙인찍혔다. 그래서 안 되는 건 없다고 강요받았다. '안 된다' '못한다'는 말은 우리 세대에게 조직에서 도태되는 코드였다.

그래서 나도, 이노션이란 대형 광고회사에서 에이스 소리 들어가며 살았으니 무조건 광고는 잘 만들 거라고, 밀레니얼 세대고 Z세대고 나는 무조건 해낼 수 있다고, 안 되는 건 없다고 생각하며 사업을 대하고 직원을 대했다.

그런데 시대가 바뀌었다. 안 되는 걸 되게 하려는 사람이 능력 있는 사람이 아닌 시대로 바뀐 것이다. 이 책이 내게 그걸 알려줬다. 또 모든 걸 잘하는 사람, 슈퍼맨 같은 사람도 없다는 걸, 각자할 수 있는 것이 다 다르다는 걸 일깨워줬다.

광고는 가장 잘하는 사람이 해야 가장 잘 만든다. 내가 다 잘할 수 있다고 생각하던 내게 적지 않은 충격이고 낙담이었지만 사실이 그랬다. 그래서 나는 광고 만드는 일을 직원들에게 일임했다. 내 욕심과 아집을 내려놓으니 훨씬 편해졌다. 오히려 더 그 세대가 잘 보이기도 했다.

이 책을 읽는 독자도 (그게 누구일진 모르겠지만) 나와 같은 마음을 먹었으면 좋겠다. 혹시 밀레니얼 세대에 속한다면 '내 윗세대는 이렇게도 볼 수 있겠구나' 하고 깨달음이 있었다면 좋겠다. 다른 관점이 더해지면 내 관점은 더욱 단단해지고 넓어진다. 또 좀 더 자신감을 가지라고도 말하고 싶다. 분명 요즘의 주 소비자는 밀레니얼 세대다. 이들을 가장 잘 알고 가장 잘 유혹할 수 있는 사람은 그 세대에 속하는 당신이다. 그럼에도 많은 청년이 여전히 자신감이 부족해 보인다. 밀레니얼 세대를 잘 모르는 상사의 결정만 기다리고 그들의 의견에 매몰되는 경우도 많다. 그럴 수밖에 없는 현실적인 이유도 모르지는 않지만 그래도 자신 있게 생각을 밀고 나갔으면 좋겠다. 이 책이 밀레니얼 세대에게 자신감을 더해주면 좋겠다.

나와 같은 베이비붐 세대 이후는 아마 대부분 밀레니얼 세대를 팀원이나 직원 혹은 고객으로 두고 있을 거다. 이 책이 당신의 눈높이를 그들에게 맞추는 데는 적지 않은 도움이 됐을 거라 믿는다. 그들을 움직이게 하려면 어떻게 다가가야 하는지, 그들에게 사는 재미를 주는 게 뭔지 아는 데 도움이 될 거다.

다만 이제 좀 알았다고 혼자 다 하려고, 그들을 지배하거나 통제하려고 하지 말고, 그들에게 기회를 줬으면 좋겠다. 그래야 최고의 퍼포먼스를 보일 수 있다. 이것만큼은 확신할 수 있다. 물론 믿고 맡기는 것과 내팽개치고 아무것도 안 하는 건 다르다. 밀레니얼 세대에게 에너지와 기술은 있지만, 목적지까지 가는 올바른 길이 어디인지 전체 그림에서 방향을 보는 눈은 아직 부족하다고 느낄 때가 있다. 우리가 그 방향을 잡아줄 등대 역할을 해야 하지 않을까 생각한다.

상품도 브랜드도 광고도 정치도, 그게 무엇이든 어느 한 세대의 힘만으로는 완성시킬 수 없다. 요즘 애들의 마음을 읽는 이 코드들이 더 잘 팔기 위해서만이 아니라 더 잘 소통하고 더 잘 이해하는 데 쓰이길 바란다.

주

1. 「'세상에 없던 화장품' 닥터자르트, "이건 뭐지? 말 듣는 게 목표"」, 『한국경제』, 2019. 04. 24, https://www.hankyung.com/economy/article/2019042400811.

2. 최서윤, 『불만의 품격』(웨일북, 2017), 113~114쪽.

3. 정혜신, 『당신이 옳다』(해냄, 2018), 115쪽.

4. 「"일 거래액 10억원 돌파…글로벌 여행업체도 두렵지 않아요"」, 『한국경제매거진』, 2019. 05. 15, http://magazine.hankyung.com/business/apps/news?popup=0&nid=01&c1=1001&nkey=2019051301224000301&mode=sub_view.

5. 에번 카마이클, 『한 단어의 힘』(한빛비즈, 2019), 김고명 옮김, 58~59쪽.

6. 「디자인 없는 디자인, 이게 무지(MUJI) 스타일」, 『한겨레』, 2016. 12. 11, http://www.hani.co.kr/arti/economy/economy_general/774174.html.

7. 「안혜리의 직격인터뷰: 콘셉트 없고 불편한 블루보틀, 한국인 바다건너 성지순례 왜」, 『중앙일보』, 2019. 05. 04, https://news.joins.com/article/23457719.

8. 「주입식 광고 효과 갈수록 줄어… 소수라도 끌어모으는 마케팅을 하라」, 『위클리비즈』, 2019. 06. 21, http://weeklybiz.chosun.com/site/data/html_dir/2019/06/20/2019062001755.html.

9. 같은 기사.

10. 「겨를: 맘에 쏙 드는데, 그깟 밤샘 줄서기쯤이야」, 『한국일보』, 2019. 08. 07, https://www.hankookilbo.com/News/Read/201908051262090468?did=NA&dtype=&dtypecode=&prnewsid=.

11. 「"주입식 광고 효과 갈수록 줄어… 소수라도 끌어모으는 마케팅을 하라"」, 『위클리비즈』.

12. 「상품에 스토리 담아라"…마켓컬리 직원 200명 중 글쓰는 작가 20명」, 『한국경제』, 2019. 03. 07, https://www.hankyung.com/economy/article/2019030720131.

13. 같은 기사.

14. 「방탄소년단 "우릴 보면 자식 키우는 재미 느끼실 수 있을 것"(인터뷰)」, 『MBN스타』, 2014. 09. 28, http://star.mbn.co.kr/view.php?no=1249156&year=2014.

15. 「농산물 포장이 날개…딸기와인 병 바구니 중국서 러브콜」, 『중앙선데이』, 2019. 05.

25, https://news.joins.com/article/23478787.

16. 「매력적인 스토리텔링: 장도연처럼 말하기」, 『ㅍㅍㅅㅅ』, 2019. 07. 17, https://ppss. kr/archives/199438.

17. 「"오후 4시 지나면 왜 은행 이용 못하죠"」, 『조선비즈』, 2018. 12. 04, https://biz. chosun.com/site/data/html_dir/2018/12/03/2018120303116.html.

18. 「'관종경제' 혐오를 부른다」, 『경향신문』, 2019. 06. 16, http://news.khan.co.kr/kh_news/khan_art_view.html?artid=201906160905001&code=940100.

19. 「25년간 얼굴 없는 화가 뱅크시의 정체는」, 『주간조선』, 2015. 03. 16, https://weekly. chosun.com/client/news/viw.asp?nNewsNumb=002348100020.

20. 「BTS는 어떻게 세계 최고가 되었나」, 『이코노믹리뷰』, 2019. 06. 03, https:// m.post.naver.com/viewer/postView.nhn?volumeNo=20754175&member No=11292208.

21. 「에어비앤비 창립자도 반한 몰스킨(MOLESKINE)의 새로운 도전」, 『티티엘뉴스』, 2019. 08. 30, http://www.ttlnews.com/article/life_economy/6473.

22. 「프레임몬타나(2): 본질, 절박함, 그리고 차별화」, 『fol:in』, 2019. 04. 17, https:// www.folin.co/storybook/433/chapter/436.

90년생의 마음을 흔드는 마케팅 코드 13

요즘 애들에게 팝니다

1판 1쇄 발행 2020년 3월 11일
1판 5쇄 발행 2020년 10월 20일

지은이 김동욱
펴낸이 고병욱

책임편집 이새봄 **기획편집** 이미현
마케팅 이일권 한동우 김윤성 김재욱 이애주 오정민
디자인 공희 진미나 백은주 **외서기획** 이슬
제작 김기창 **관리** 주동은 조재언 **총무** 문준기 노재경 송민진

펴낸곳 청림출판(주)
등록 제1989 - 000026호

본사 06048 서울시 강남구 도산대로 38길 11 청림출판(주) (논현동 63)
제2사옥 10881 경기도 파주시 회동길 173 청림아트스페이스 (문발동 518 - 6)
전화 02 - 546 - 4341 **팩스** 02 - 546 - 8053
홈페이지 www.chungrim.com **이메일** life@chungrim.com
블로그 blog.naver.com/chungrimpub **페이스북** www.facebook.com/chungrimpub

교정교열 강설빔

ⓒ 김동욱, 2020

ISBN 978-89-352-1308-5 (03320)

Marketing Codes for Millennials